EL LIBRO DE COCINA ESENCIAL DE LA BATATA

100 Deliciosas Recetas para Disfrutar del Nutritivo y Versátil Camote

Esperanza Romero

Copyright Material © 2023

Reservados todos los derechos

Ninguna parte de este libro se puede usar o transmitir de ninguna forma o por ningún medio sin el debido consentimiento por escrito del editor y del propietario de los derechos de autor, a excepción de las breves citas utilizadas en una reseña. Este libro no debe considerarse un sustituto del asesoramiento médico, legal o profesional.

TABLA DE CONTENIDO

TABLA DE CONTENIDO 3
INTRODUCCIÓN 7
DESAYUNO 8

   1.Tazón de desayuno picante del sudoeste 9
   2.Helado de waffle de chocolate 11
   3.Sartén de desayuno 14
    4.Sartén de huevo frito con camote 16
   5.huevos en nidos 18
   6.Hachís a la Barbacoa 20
   7.Waffles de camote y nuez bourbon 22
   8.Ñoquis de boniato gofrados 25
   9.Tostadas de boniato 28
   10Boniato de desayuno con yogur de té de hibisco 30
   11Salchicha-Picadillo De Camote Y Huevos 33
   12Sartén De Batata Y Huevo 35
   13Papas Fritas De Camote Frito 37
   14Tortillas de queso de cabra, boniato y picatostes ... 39

APERITIVOS 42

   15.Patatas dulces y manzanas al ron 43
   dieciséis.Batatas Rellenas 45
   17Batata Rellena Sobre Rúcula 47
   18Chiles Anchos Rellenos 49
   19Tacos de tinga de batata y zanahoria 52
   20Pizza de Raíces Asadas 54
   21Latkes de patata dulce 57
   22Daigaku en mi opinión 59
   23Bocaditos de muffin de quinoa 61
   24Empanadas De Batata Con Cúrcuma 63
   25Nachos de boniato 66

26 Bocaditos de malvavisco de camote 68

27 ceviche peruano 70

28 Buñuelos de boniato al jengibre 72

HAMBURGUESAS, WRAPS Y SÁNDWICHES 74

29 Hamburguesa de quinoa y boniato 75

30 Hamburguesas de arroz con lentejas 78

31 Taquitos Picantes De Batata Y Frijoles Negros 80

PLATO PRINCIPAL 83

32 Cuartos De Pollo Picantes Con Patatas Dulces 84

33. Patatas dulces a la florentina con ajo 87

34. Risotto con Judías Verdes y Patatas Dulces 89

35. Salmón al horno y batatas 91

36. Salmón Teriyaki Con Verduras 94

37. Salmón con batatas y frijoles 97

38. Bacalao al Vapor Matcha 99

39. Cazuela De Batata Y Malvavisco 101

40 Pato asado frío con verduras 103

41. Cuencos de cosecha Buffalo Tempeh 105

SOPAS Y CURRIES 108

42. Sopa de pollo crockpot 109

43. Platija tailandesa de coco y curry 111

44. Sopa de zanahoria y jengibre Crockpot 113

45. sopa de caldo 115

46. Lentejas al curry con batatas y garbanzos 118

47. Sopa Mexicana De Caldo De Carne Y Camote 120

48. Sopa de boniato y tequila 123

49. Guiso de Frijoles Rojos de Jamaica 125

50 Sopa de pollo 127

51. Sopa de maíz 130

52. Sopa de Verduras con Salmón 133
53. Bisonte molido y estofado de verduras 135
54. Curry de carne de coco 137
55. Sopa de batata y calabaza 139
56. Curry tailandés de patata dulce 142
57. Olla caliente de curry tailandés 144
58. Sopa cannellini picante de col rizada y boniato 147
59. Estofado De Pollo Con Camote 150
60. Estofado De Lentejas Y Camote 152
61. Sopa De Callaloo 154
62. Guiso De Patatas Dulces Y Garbanzos 157
63. Lentejas al curry de coco 159

PASTA 162

64. Ñoquis de castañas y boniato 163
sesenta y cinco. Bucatini con Pesto y Patatas Dulces 167
66. Ñoquis de castañas y boniato 170

LADOS 174

67. Batatas con lima y tequila 175
68. Puré de batata y tocino 177
69. Patatas dulces salteadas con queso parmesano 179
70. Patatas Dulces Con Tamarindo 181
71. Caen verduras a la parrilla 183
72. Chimichurri de verduras a la plancha 185
73. Batatas Asadas Con Ajo 187
74. Patatas dulces glaseadas con arce al vacío 189
75. Tocino Y Patatas Dulces 191
76. Puré de patata mixto Gouda 193
77. Batatas horneadas de dos tonos 195
78. Chili batata gratinada 197

ENSALADAS 199

79. Ensalada De Rúcula Y Camote 200
80. Ensalada de Cosecha de Otoño 202
81. Camote Y Brócoli Con Aderezo De Granada 204
82. Ensalada De Col Verde Con Patatas Dulces 206
83. Ensalada De Camote Con Almendras 208
84. Ensalada De Quinoa Y Mango Con Puré De Patatas 210
85. Ensalada De Tres Papas A La Parrilla 212
86. Ensalada De Camote Asado Y Prosciutto 214
87. Ensalada De Vegetales Asados Y Polenta 216
88. Patatas dulces asadas e higos frescos 219
89. Ensalada César con picatostes de boniato a la barbacoa 222
90. Ensalada Verde De Camote Y Aguacate 225

POSTRE 227

91. Pastel De Pollo Con Patatas Dulces 228
92. Budín de batata y coco 230
93. Trifle de pastel de patata dulce 232
94. Tiramisú de pastel de patata dulce 234
95. Pan de batata y cerezas 237
96. Muffins de boniato y arándanos 239
97. Budín de boniato rallado 241

BEBIDAS 243

98. Jugo de tarta de manzana 244
99 Batido de proteína de pastel de patata dulce 246
100. Batido De Patata Dulce 248

CONCLUSIÓN 250

INTRODUCCIÓN

Las batatas son un tubérculo versátil y nutritivo que se puede usar en una variedad de platos, desde dulces hasta salados. Este libro de cocina celebra la batata con 100 deliciosas recetas que deleitarán tu paladar y nutrirán tu cuerpo.

Ya sea que prefiera platos dulces o salados, este libro de cocina tiene algo para todos. Desde panqueques y muffins de batata hasta sopas, guisos y curry, este libro de cocina lo inspirará a explorar las muchas formas en que puede incorporar batatas en sus comidas.

Cada receta va acompañada de una imagen colorida que te hará la boca agua y te inspirará a probar nuevos platos. Las recetas son fáciles de seguir, con instrucciones paso a paso que lo guiarán a través del proceso de cocción.

Además de ser deliciosos, los camotes también están llenos de nutrientes. Son una excelente fuente de fibra, vitaminas y minerales, incluyendo vitamina A, vitamina C y potasio. Con este libro de cocina, puede disfrutar de los beneficios para la salud de las batatas mientras disfruta de comidas deliciosas.

DESAYUNO

1. Tazón de desayuno picante del sudoeste

Marcas: 2

INGREDIENTES
- 2 batatas, peladas y cortadas en cubitos
- Aceite de oliva virgen extra, para rociar
- Pellizco Sal y pimienta
- 1 cucharadita de chile en polvo
- 2 tiras de tocino de pollo
- ½ cebolla amarilla mediana, cortada en cubitos
- ½ pimiento verde, cortado en cubitos
- ½ pimiento rojo, cortado en cubitos
- 1 jalapeño, sin semillas y cortado en cubitos
- 2-3 tazas de espinacas frescas
- 2 huevos
- 1 cucharadita de manteca
- 1 aguacate, sin hueso y cortado en cubitos

INSTRUCCIONES:
a) Precaliente el horno a 375 grados F.
b) Coloque las batatas en una bandeja para hornear y mezcle con un chorrito de aceite de oliva.
c) Sazone con sal, pimienta y chile en polvo.
d) Hornear durante 20 minutos, volteando una vez.
e) Cocine el tocino de pollo en una sartén; dejar de lado.
f) Agrega los pimientos, la cebolla y el jalapeño a la sartén; saltear durante 6 minutos.
g) Agregue las espinacas y cocine bien.
h) En otra sartén, derrita el ghee.
i) Cocine los huevos, sazonando con sal y pimienta.
j) Sirva las batatas y cubra con la mezcla de verduras, seguida del huevo, el tocino de pollo desmenuzado y el aguacate.

2. Helado de waffle de chocolate

Rinde 4 PORCIONES

INGREDIENTES
- 1 taza de batatas cocidas (alrededor de 1 batata grande)
- 1½ tazas de harina para todo uso
- 2 cucharadas de azúcar moreno
- 1 ½ cucharadita de polvo de hornear
- ½ cucharadita de sal kosher
- ¼ de cucharadita de bicarbonato de sodio
- 1 taza de suero de leche
- 2 huevos grandes
- ½ taza de nueces
- 2 cucharadas de mantequilla sin sal, derretida
- 1 cucharada de azúcar moreno claro
- Jarabe de Borbón:
- 1 taza de jarabe de arce puro
- 2 cucharadas de mantequilla sin sal 2 cucharadas de bourbon

Direcciones

a) En un tazón mediano combine la harina, el azúcar, el cacao en polvo, el polvo para hornear y la sal. En una cacerola pequeña a fuego medio, derrita la mantequilla y el chocolate y déjelos enfriar un poco.

b) Batir la mantequilla derretida y el chocolate en la harina, además de la leche, el extracto de vainilla y las yemas de huevo.

c) En un tazón mediano limpio, bata las claras de huevo vigorosamente hasta que alcancen picos suaves. Saque 1/3 de las claras de huevo batidas e incorpórelas suavemente a la masa para waffles, con cuidado de no desinflar las claras de huevo.

d) Continúe con el 1/3 blanco restante a la vez.

e) Encienda la waflera y precaliente hasta que el icono de llama deje de parpadear. Luego cepille con mantequilla derretida o rocíe con spray para hornear.

f) Vierta aproximadamente ½ taza de masa en el centro de la waflera y cierre la parte superior.

g) Voltee la waflera 180° después de cerrar la tapa y cocine por unos 2 minutos.

h) Después de unos dos minutos deberías tener un bonito color dorado. Si quieres que se haga un poco más, cierra la tapa y pulsa el botón "un poco más".

i) Transfiera a una bandeja para hornear con borde con una rejilla para enfriar colocada encima.

j) Mantenga los waffles en un horno a 250° para que se mantengan calientes.

k) Repita con la masa restante. Para servir: Coloque 2-3 bolas de helado encima de un waffle y cubra con salsa de chocolate, salsa de caramelo y crema batida.

3. Sartén de desayuno

Marca: 2

INGREDIENTES:
- 1 batata grande o 2 pequeñas peladas y cortadas en cubos
- 1/2 taza de pimiento verde cortado en cubitos
- 1/2 taza de cebolla picada
- 1/2 taza de champiñones cortados en cubitos
- 1 tomate roma cortado en cubitos
- 2 cucharadas de queso cheddar rallado
- 2 huevos
- 2 cucharaditas de aceite de coco
- 2 cucharaditas de comino
- Pimienta negra recién molida al gusto

Direcciones
a) En una bandeja para hornear, rocíe aceite sobre los cubos de camote, sazone con comino y pimienta negra y mezcle bien.
b) Hornear durante 30 minutos, hasta que estén dorados y crujientes.
c) Cuando las papas estén a la mitad de la cocción, caliente el aceite de oliva en una sartén a fuego medio-alto.
d) Sofreír el pimiento verde, la cebolla y los champiñones.
e) Cuando las papas estén listas, mézclelas bien con las verduras.
f) Retire del fuego, agregue el tomate y reserve. Espolvorear con queso.

4. Sartén de huevo frito con camote

Porciones: 1

Ingredientes
- 1 libra de batatas, en cubos
- 1/4 cebolla amarilla, picada
- 1 diente de ajo grande, picado
- 1 cucharada de aceite de oliva virgen extra
- 1/2 cucharadita de cilantro molido
- 1/4 cucharadita de sal
- 2 huevos grandes
- 1 cucharadita de pimentón ahumado

Coberturas
- Microverduras de brócoli
- Pepitas Tostadas
- Hojuelas de pimienta roja

Direcciones

a) En una sartén mediana-baja, caliente una sartén de 8" o 10".

b) Agregue las cebollas y el ajo debe agregarse después del aceite de oliva.

c) Cocine durante 4-5 minutos, o hasta que la cebolla esté transparente y fragante.

d) Agregue las batatas y cocine a fuego lento, volteándolas regularmente, durante 12 a 15 minutos, o hasta que estén doradas y blandas.

e) Cocine a fuego lento durante otro minuto después de agregar las especias y la sal.

f) Hacer dos pozos en las batatas. Agregue los huevos y cocine hasta que las claras estén listas y las yemas hayan alcanzado la consistencia deseada, alrededor de 10 a 12 minutos.

g) Adorne la sartén de huevo con microgreens, pepitas tostadas y hojuelas de pimiento rojo antes de servir.

5. huevos en nidos

Rinde: 6 porciones

INGREDIENTES:
- 1 libra de batatas, peladas
- 2 cucharadas de aceite de oliva
- 1/4 cucharadita de sal, dividida
- 1/4 cucharadita de pimienta negra, cantidad dividida
- 12 huevos grandes

INSTRUCCIONES:
a) Precaliente el horno a 400 grados Fahrenheit.
b) Usando aceite en aerosol, cubra una bandeja para muffins de 12 tazas.
c) Con un rallador de caja, triture las papas y reserve. En una sartén grande, caliente el aceite de oliva a fuego medio-alto. 1/8 de cucharadita de sal, 1/8 de cucharadita de pimienta, batatas cortadas en cubitos
d) Cocine las papas hasta que estén blandas, unos 5-6 minutos. Retire del fuego y reserve hasta que se enfríe lo suficiente como para manipularlo.
e) En cada taza de muffin, presione 1/4 taza de papas cocidas. En el fondo y los lados del molde para muffins, presiona firmemente.
f) Cubra las papas con aceite en aerosol y hornee durante 5 a 10 minutos, o hasta que los lados estén ligeramente dorados.
g) En cada nido de camote, rompa un huevo y sazone con el 1/8 de cucharadita de sal restante y el 1/8 de cucharadita de pimienta.
h) Hornee durante 15-18 minutos, o hasta que las claras y las yemas de huevo estén cocidas al punto deseado.
i) Deje reposar durante 5 minutos para que se enfríe antes de retirar de la sartén. ¡Sirve y diviértete!

6. Hachís a la Barbacoa

Ingrediente

- 3 batatas, peladas y picadas
- 1 paquete (8 onzas) de tempeh, picado
- 1 cebolla, finamente picada
- 1 pimiento rojo, finamente picado
- 1 cucharada de salsa barbacoa comprada en la tienda
- 1 cucharadita de condimento cajún
- ¼ taza de perejil fresco picado
- 4 huevos Salsa picante (opcional)

Direcciones

a) Caliente 3 cucharadas de aceite en una sartén grande antiadherente a fuego medio-alto. Agregue las batatas y el tempeh y cocine, revolviendo ocasionalmente, durante 5 minutos o hasta que la mezcla comience a dorarse. Reduzca el fuego a medio.

b) Agregue la cebolla y el pimiento y cocine por 12 minutos más, revolviendo con más frecuencia al final del tiempo de cocción, hasta que el tempeh se dore y las papas estén tiernas.

c) Agregue la salsa barbacoa, el condimento cajún y el perejil. Mezcle para combinar, luego divida entre 4 platos para servir.

d) Limpie la sartén con una toalla de papel. Reduzca el fuego a medio-bajo y agregue la 1 cucharada de aceite restante. Rompa los huevos en la sartén y cocine al punto de cocción deseado.

e) Deslice un huevo encima de cada porción de picadillo y sirva de inmediato. Pase la salsa picante, si lo desea, en la mesa.

7. Waffles de camote y nuez bourbon

Rinde 4 PORCIONES

INGREDIENTES

- 2 ½ -3LBS paletilla de cerdo para frotar
- 2 cucharaditas de chile en polvo
- 2 cucharaditas de comino en polvo
- 2 cucharaditas de sal kosher
- 1 cucharadita de pimentón
- 1 cucharadita de pimienta negra
- ½ cucharadita de ajo en polvo
- ½ cucharadita de cebolla en polvo
- ½ CUCHARADA de pimienta de cayena

PARA LA SALSA BARBACOA:

- 1 cebolla grande, picada
- 3 dientes de ajo, picados
- 1 ½ tazas de salsa de tomate
- ½ taza de azúcar moreno
- 2 cucharadas de vinagre de manzana
- 4 cucharaditas de salsa inglesa
- 1 cucharadita de pimienta de cayena
- 1 cucharadita de sal kosher
- 1 cucharada de bourbon

Para él gofres

- 1 ½ tazas de harina para todo uso
- ¾ tazas de harina de maíz amarillo
- 1 cucharada de azúcar de caña
- 2 cucharaditas de polvo de hornear
- 1 cucharadita de bicarbonato de sodio
- ½ cucharadita de sal kosher
- 1½ tazas de suero de leche
- 2 huevos grandes
- 2 cucharadas de mantequilla sin sal, derretida
- ¼ taza de miel

DIRECCIONES

a) En un tazón mediano, triture la batata con el dorso de un tenedor y luego combine la harina, el azúcar morena, el polvo de hornear, la sal y el bicarbonato de sodio. Batir el suero de leche, los huevos y la mantequilla derretida.

b) Agregue la mantequilla derretida hasta que no queden manchas secas. Encienda la waflera y precaliente hasta que el icono de llama deje de parpadear. Luego cepille con mantequilla derretida o rocíe con spray para hornear.

c) Vierta aproximadamente ½ taza de masa en el centro de la waflera y cierre la parte superior. Voltee la waflera 180° después de cerrar la tapa y cocine por unos 2 minutos. Después de unos dos minutos deberías tener un bonito color dorado. Si quieres que se haga un poco más, cierra la tapa y pulsa el botón "un poco más".

d) Transfiera a una bandeja para hornear con borde con una rejilla para enfriar colocada encima. Mantenga los waffles en un horno a 250° para que se mantengan calientes.

e) Repita con la masa restante. Mientras se cocinan los waffles, en una cacerola mediana a fuego medio combine el almíbar, la mantequilla, el bourbon y el azúcar moreno y cocine a fuego lento. Cocine por unos 2 minutos.

f) Sirva los waffles con el almíbar tibio encima.

g) Los waffles sobrantes se pueden congelar hasta por 3 meses. Vierta jarabe adicional en una botella y guárdelo en el refrigerador hasta por 1 mes.

h) Caliente antes de servir.

8. Ñoquis de boniato gofrados

Rinde: 4 porciones (rinde alrededor de 60 ñoquis)

INGREDIENTES
- 1 papa grande para hornear (como la rojiza) y 1 batata grande (alrededor de 1½ libras en total)
- 1¼ tazas de harina para todo uso, y un poco más para enharinar la superficie de trabajo
- ½ taza de queso parmesano rallado
- 1 cucharadita de sal
- ½ cucharadita de pimienta negra recién molida
- Una pizca de nuez moscada rallada (opcional)
- 1 huevo grande, batido
- Aerosol antiadherente para cocinar o mantequilla derretida
- Pesto o Salvia Waffle y Salsa de Mantequilla

INSTRUCCIONES:
a) Precaliente el horno a 350°F.
b) Hornee las papas hasta que se puedan perforar fácilmente con un tenedor, alrededor de una hora. Deje que las papas se enfríen un poco, luego pélelas.
c) Pase las papas a través de un molino de alimentos o un pasapurés o rállelas sobre los agujeros grandes de un rallador de caja y en un tazón grande.
d) Agregue 1¼ tazas de harina a las papas y use sus manos para mezclarlas, rompiendo los grumos de papa en el camino. Espolvoree el queso, la sal, la pimienta y la nuez moscada sobre la masa y amase ligeramente para distribuir uniformemente.
e) Una vez mezcladas la harina y las patatas, hacer un hueco en el centro del bol y añadir el huevo batido. Con los dedos, trabaje el huevo a través de la masa hasta que comience a unirse. Será un poco pegajoso.

f) En una superficie ligeramente enharinada, amase suavemente la masa varias veces para unirla. Debe estar húmedo, pero no mojado y pegajoso. Si está demasiado pegajoso, agregue 1 cucharada de harina a la vez, hasta ¼ de taza. Enrolle la masa en un tronco y córtela en 4 pedazos.

g) Enrolle cada pieza en una cuerda del diámetro de su pulgar y luego use un cuchillo afilado para cortar en segmentos de 1 pulgada.

h) Precaliente la plancha para gofres a fuego medio. Cubra ambos lados de la rejilla para gofres con spray antiadherente o unte las rejillas con una brocha de repostería de silicona.

i) Baje el horno a su nivel más bajo y reserve una bandeja para hornear para mantener calientes los ñoquis terminados.

j) Sacuda suavemente cualquier resto de harina de los ñoquis y coloque un lote en la gofrera, dejando un poco de espacio para que cada uno se expanda. Cierre la tapa y cocine hasta que las marcas de la cuadrícula en los ñoquis estén doradas, 2 minutos.

k) Repita con los ñoquis restantes, manteniendo los ñoquis cocidos calientes en la bandeja para hornear en el horno.

l) Sirva caliente con salsa pesto o salsa waffle de salvia y mantequilla.

9. Tostadas de boniato

INGREDIENTES:
- 2 camotes grandes, cortados en rodajas.
- rebanadas de ¼ de pulgada de espesor.
- 1 cucharada de aceite de aguacate.
- 1 cucharadita de sal ½ taza de guacamole.
- ½ taza de tomates, en rodajas.

INSTRUCCIONES:

a) Precaliente su horno a 425° F.

b) Cubra una bandeja para hornear con papel pergamino.

c) Frote las rodajas de patata con aceite y sal y colóquelas en una bandeja para hornear. Hornee durante 5 minutos en el horno, luego voltee y hornee nuevamente durante 5 minutos.

d) Cubra las rebanadas horneadas con guacamole y tomates.

10. Boniato de desayuno con yogur de té de hibisco

Marcas: 2

INGREDIENTES
- 2 batatas moradas

PARA LA GRANOLA:
- 2 ½ tazas de avena
- 2 cucharaditas de cúrcuma seca
- 1 cucharadita de canela
- 1 cucharada de ralladura de cítricos
- ¼ taza de miel
- ¼ taza de aceite de girasol
- ½ taza de semillas de calabaza
- pizca de sal

PARA EL YOGUR:
- 1 taza de yogur griego natural
- 1 cucharadita de jarabe de arce
- 1 bolsita de té de hibisco
- flores comestibles, para decorar

INSTRUCCIONES
a) Precaliente el horno a 425 grados y pinche las papas con un tenedor.
b) Envuelva las papas en papel de aluminio y hornee durante 45 minutos a una hora.
c) Retirar del horno y dejar enfriar.

PARA LA GRANOLA:
d) Baje el calor del horno a 250 grados y cubra una bandeja para hornear con papel pergamino.
e) Combine todos los ingredientes de granola en un tazón y revuelva hasta que todo esté cubierto con la miel y el aceite.
f) Transfiera a la bandeja para hornear forrada y extienda lo más uniformemente posible.

g) Hornee durante 45 minutos, revolviendo cada 15 minutos, o hasta que la granola se dore.

h) Retirar del horno y dejar enfriar.

PARA EL YOGUR:

i) Prepare té de hibisco de acuerdo con las instrucciones de la bolsita de té y déjelo a un lado para que se enfríe.

j) Una vez que esté a temperatura ambiente, mezcle el jarabe de arce y el té con el yogur hasta que alcance una textura suave y cremosa con un tono ligeramente rosado.

ARMAR:

k) Corta las papas por la mitad y cubre con granola, yogur saborizado y flores comestibles para decorar.

11. Salchicha-Picadillo De Camote Y Huevos

Hace: 4

INGREDIENTES:
- Huevos, grandes 4
- Sal 1/4 de cucharadita
- Pecanas (picadas) 1/4 taza
- Cebolletas (en rodajas) 4
- Arándanos (secos) 1/4 taza
- Manzanas Granny Smith, medianas (picadas) 2
- Camotes, en cubos (pelados y en cubos de 1/4 de pulgada cada uno) 2 salchichas italianas de pavo (sin tripas) 4 1/8 tazas

INSTRUCCIONES:
a) Tome una sartén grande que esté cubierta con aceite en aerosol, cocine las batatas y las salchichas a fuego medio durante 8 a 10 minutos hasta que la salchicha ya no esté rosada, rompiendo la salchicha en migajas.
b) Agregue sal, nueces, arándanos y manzana, cocine y mezcle durante 4 a 6 minutos hasta que las papas estén tiernas.
c) Retire la mezcla de la sartén, espolvoree algunas cebollas verdes. Mantenlo caliente.
d) Limpia la sartén y usa el aerosol para cocinar para cubrirla nuevamente; coloque la sartén a fuego medio-alto.
e) Rompe los huevos en la sartén uno tras otro. Baje la llama a baja. Cocine hasta lograr el punto de cocción deseado. Gire después de que los blancos estén listos si lo prefiere.
f) Sírvelo con el picadillo.

12. Sartén De Batata Y Huevo

Hace: 4

INGREDIENTES:
- Pimienta (molida gruesa) 1/8 de cucharadita
- Huevos, grandes 4
- Espinacas baby (frescas) 2 tazas
- Tomillo seco 1/8 de cucharadita
- Sal (dividida) 1/2 cucharadita
- Diente de ajo (picado) 1
- Camotes, medianos (rallados y en cubos) 4 tazas
- Mantequilla 2 cucharadas

INSTRUCCIONES:
a) Tome una sartén pesada o una gran de hierro fundido.
b) Caliente la mantequilla en ella a fuego lento.
c) Agrega el tomillo, 1/4 de cucharadita de sal, el ajo y las batatas.
d) Tape y cocine durante 4 a 5 minutos hasta que las papas estén tiernas. Revuelva periódicamente.
e) Mezcle las espinacas y revuelva durante 2 a 3 minutos hasta que se marchite.
f) Use el dorso de una cuchara para hacer cuatro pozos en la mezcla de papas.
g) Rompe uno de los huevos en cada uno de los pocillos.
h) Espolvorear un poco de pimienta y la sal que queda sobre los huevos. Tape y cocine de 5 a 7 minutos a fuego medio-bajo hasta que las claras estén completamente cuajadas y la yema comience a espesar, pero asegúrese de que no esté dura.

13. Papas Fritas De Camote Frito

Rinde: 8 porciones

INGREDIENTES:
- ½ libra de tocino cortado en cubitos
- 1 taza de cebollas picadas
- 1 sal; probar
- 1 pimienta negra recién molida; probar
- 1 cucharada de ajo picado
- 2 libras de batatas; pelado, rallado

INSTRUCCIONES:

a) En una sartén grande, deje que el tocino quede crujiente, unos 8 minutos.

b) Agregue las cebollas. Condimentar con sal y pimienta.

c) Saltee las cebollas hasta que estén blandas, aproximadamente 2 minutos.

d) Agregue el ajo y las batatas. Condimentar con sal y pimienta.

e) Saltee durante unos 10 a 15 minutos. Retirar del fuego y servir tibio.

14. Tortillas de queso de cabra, boniato y picatostes

Rinde: 2 porciones

INGREDIENTES:
- 2 cucharadas de mantequilla sin sal
- 1 taza de pan campestre en cubos de media pulgada
- 1 boniato mediano -; (aproximadamente 1/2 libra)
- 1 cebolla roja pequeña; en rodajas finas
- 2 onzas de queso de cabra suave y suave; desmoronado
- 1 cucharadita de hojas de romero frescas picadas
- 5 huevos grandes
- Sal; probar
- Pimienta negra recién molida; probar

INSTRUCCIONES:

a) Precalentar el horno a 350 grados. En una sartén antiadherente de 8 pulgadas, derrita 1 cucharada de mantequilla a fuego moderado y en un tazón mezcle con los cubos de pan.

b) En una bandeja para hornear, tueste los cubos de pan en el medio del horno hasta que estén dorados y crujientes, aproximadamente 10 minutos, y transfiéralos a un tazón.

c) Pele la batata y córtela en dados de ¼ de pulgada. En una vaporera sobre agua hirviendo, cocine al vapor la papa y la cebolla hasta que estén tiernas, aproximadamente 4 minutos, y mezcle con los picatostes. Enfríe la mezcla y mezcle con queso de cabra y romero. En un tazón mezcle los huevos y sal y pimienta al gusto.

d) En una sartén caliente ½ cucharada de mantequilla a fuego moderado-alto hasta que desaparezca la espuma. Vierta la mitad de los huevos, inclinando la sartén para distribuir uniformemente sobre el fondo.

e) Cocine la tortilla durante 1 minuto, o hasta que esté casi lista, revolviendo la capa superior con el dorso de un tenedor y sacudiendo la sartén, dejando que el huevo crudo corra por debajo.

f) Espolvorea la mitad del omelet con la mitad de la mezcla de picatostes y cocina 1 minuto más, o hasta que cuaje. Doble la tortilla sobre el relleno y transfiérala a un plato.

g) Mantenga la tortilla caliente mientras prepara otra tortilla con la mantequilla restante, los huevos y la mezcla de picatostes de la misma manera.

APERITIVOS

15. Patatas dulces y manzanas al ron

Hace: 6

INGREDIENTES:
- ¼ cucharadita de pimienta negra
- 3 camotes, lavados y pinchados con un tenedor
- ½ cucharadita de canela molida
- 1 cucharada de vinagre de sidra de manzana
- ½ cucharadita de sal kosher
- 2 cucharadas de ron oscuro
- 1 cucharada de mantequilla sin sal

ADICIÓN
- 2 tazas de manzanas Granny Smith peladas y picadas
- hojas de salvia fresca
- 3 cucharadas de pecanas picadas, tostadas

INSTRUCCIONES:
a) Combine todos los ingredientes, excepto la cobertura, en una olla de cocción lenta de 6 cuartos.

b) Cocine a fuego lento hasta que las papas estén tiernas, aproximadamente 6 horas.

c) Retire las papas y córtelas por la mitad a lo largo.

d) Cubra con manzanas, nueces y hojas de salvia.

16. Batatas Rellenas

Hace: 1

INGREDIENTES:
- 1 taza de agua
- 1 camote
- 1 cucharada de jarabe de arce puro
- 1 cucharada de mantequilla de almendras
- 1 cucharada de nueces picadas
- 2 cucharadas de arándanos
- 1 cucharadita de semillas de chía
- 1 cucharadita de pasta de curry

INSTRUCCIONES:
a) En su olla instantánea, agregue una taza de agua y la rejilla de vapor.
b) Selle la tapa y coloque la batata en la rejilla, asegurándose de que la válvula de liberación esté en la posición correcta.
c) Precaliente la olla instantánea a alta presión durante 15 minutos en manual. La presión tardará unos minutos en acumularse.
d) Después de que se apague el temporizador, deje que la presión baje naturalmente durante 10 minutos. Para descargar cualquier presión restante, gire la válvula de liberación.
e) Una vez que la válvula de flotador haya caído, retire la batata abriendo la tapa.
f) Cuando la batata se haya enfriado lo suficiente como para manipularla, córtela por la mitad y triture la pulpa con un tenedor.
g) Cubra con nueces, arándanos y semillas de chía, luego rocíe con jarabe de arce y mantequilla de almendras.

17. Batata Rellena Sobre Rúcula

Hace: 1

INGREDIENTES:
- ½ batata, horneada
- 2 huevos
- ½ taza de microrúcula picada
- Sal y pimienta
- Chorrito de aceite de oliva

INSTRUCCIONES:

a) Rocíe las verduras ligeramente con aceite de oliva y sazone con una pizca de sal.

b) Precaliente una sartén o plancha a fuego medio-alto.

c) Cuando la sartén esté caliente, agregue el aceite de oliva y cocine durante unos 30 segundos antes de agregar la batata.

d) Cocine hasta que los bordes comiencen a dorarse, luego voltee.

e) Saque las rodajas de camote de la sartén y colóquelas directamente sobre las verduras preparadas.

f) Luego, en tu sartén, rompe los dos huevos.

g) Mientras se cocinan los huevos, sazónelos con sal y pimienta.

h) Para un poco más de sabor, espolvorea algunas hierbas como orégano o tomillo, o pimiento rojo triturado.

i) Coloque los huevos encima de las rodajas de camote.

j) Decora con las verduras que reservaste.

18. Chiles Anchos Rellenos

4 porciones

Ingredientes
para los chiles
- 1 cucharada de aceite
- 2 tazas de cebolla blanca en rodajas finas
- 3 dientes de ajo, pelados y machacados
- 2 cucharadas de pasta de tamarindo disueltas en 2 tazas de agua caliente
- 1 taza de melao (jarabe de caña) o azúcar moreno
- 1/2 cucharadita de orégano en hojas secas
- 1/2 cucharadita de tomillo seco
- 1/2 cucharadita de sal
- 8 chiles anchos medianos a grandes, cortados por un lado, sin semillas

Para el llenado
- 4 tazas de batatas asadas con ajo
- zanahorias asadas
- 2 onzas de queso de cabra, rallado
- Pizca de sal
- 2 cucharaditas de aceite de oliva virgen extra

Direcciones

a) Prepara los chiles. Caliente el aceite a fuego bajo a medio en una cacerola mediana. Agregue la cebolla y cocine hasta que se dore un poco. Agregue el ajo y cocine otro minuto.

b) Agregue el agua con sabor a tamarindo, el melao, el orégano, el tomillo y la sal.

c) Agregue los chiles, cubra y cocine a fuego lento durante 10 minutos. Retire la sartén del fuego, destape y enfríe durante al menos 10 minutos.

d) Haz el relleno. Mientras los chiles se enfrían, combine las batatas y/o las zanahorias y el queso fresco o la panela. Batir la sal y el aceite y mezclar con las verduras.

e) Rellenar y servir los chiles. Con una cuchara ranurada grande, retire los chiles a un colador y escúrralos durante 5 minutos.

f) Cucharee con cuidado alrededor de 1/4 taza del relleno en cada chile y ponga 2 en cada uno de los cuatro platos. Coloque un poco de las cebollas sobre cada porción y cubra con el queso. Servir a temperatura ambiente.

19. Tacos de tinga de batata y zanahoria

Tiempo total-30 minutos

Ingredientes
- 1/4 taza de agua
- 1 taza de cebolla blanca en rodajas finas
- 3 dientes de ajo, picados
- 2 1/2 tazas de batata rallada
- 1 taza de zanahoria rallada
- 1 lata (14 oz.) de tomates cortados en cubitos
- 1 cucharadita orégano mexicano (opcional)
- 2 chiles chipotles en adobo
- 1/2 taza de caldo de verduras
- 1 aguacate, en rodajas
- 8 tortillas

Direcciones
a) En una sartén grande a fuego medio, agregue el agua y la cebolla, cocine durante 3 a 4 minutos, hasta que la cebolla esté transparente y suave. Agregue el ajo y continúe cocinando, revolviendo durante 1 minuto.
b) Agregue la batata y la zanahoria a la sartén y cocine durante 5 minutos revolviendo con frecuencia.
c) Salsa:
d) Coloque los tomates cortados en cubitos, el caldo de verduras, el orégano y los chiles chipotles en la licuadora y procese hasta que quede suave.
e) Agregue la salsa de tomate y chipotle a la sartén y cocine durante 10 a 12 minutos, revolviendo ocasionalmente, hasta que las batatas y la zanahoria estén bien cocidas. Si es necesario, agregue más caldo de verduras a la sartén.
f) Sirva sobre tortillas calientes y cubra con rebanadas de aguacate.

20. Pizza de Raíces Asadas

Ingrediente

- Harina para todo uso para espolvorear la pala de pizza o aceite de oliva para engrasar la bandeja de pizza
- 1 masa casera
- 1/2 cabeza de ajo grande
- 1/2 batatas pequeñas, peladas, cortadas por la mitad a lo largo y en rodajas finas
- 1/2 bulbo de hinojo pequeño, cortado por la mitad, cortado y en rodajas finas
- 1/2 chirivías pequeñas, peladas, cortadas por la mitad a lo largo y en rodajas finas
- 1 cucharada de aceite de oliva
- 1/2 cucharadita de sal
- 4 onzas (1/4 libra) de queso mozzarella, rallado
- 1 onza de queso parmesano, finamente rallado
- 1 cucharada de vinagre balsámico almibarado

DIRECCIONES

a) Envuelva los dientes de ajo sin pelar en un paquete pequeño de papel de aluminio y hornee o cocine a la parrilla directamente sobre el fuego durante 40 minutos.

b) Mientras tanto, mezcle la batata, el hinojo y la chirivía en un tazón grande con el aceite de oliva y la sal.

c) Vierta el contenido del tazón en una bandeja para hornear grande.

d) Coloque en el horno o sobre la sección sin calentar de la parrilla y ase, volteando ocasionalmente, hasta que esté suave y dulce, de 15 a 20 minutos.

e) Transfiera el ajo a una tabla de cortar, abra el paquete, teniendo cuidado de evitar el vapor.

f) Aumente la temperatura del horno o de la parrilla a gas a 450 °F.

g) Extienda la mozzarella rallada sobre la corteza preparada, dejando un borde de 1/2 pulgada en el borde. Cubra el queso con todas las verduras, exprima el ajo pulposo y suave de sus cáscaras de papel y sobre el pastel. Cubra con la parmesana rallada.

h)

i) Deslice la pizza de la cáscara a la piedra caliente o colóquela en su bandeja o bandeja para hornear, ya sea en el horno o sobre la sección sin calentar de la parrilla. Hornee o cocine a la parrilla con la tapa cerrada hasta que la corteza se dore e incluso se oscurezca un poco en el fondo, hasta que el queso se haya derretido y comience a dorarse, de 16 a minutos. La masa fresca puede desarrollar algunas burbujas de aire durante los primeros 10 minutos; sobre todo en el borde, pincha con un tenedor para asegurar una corteza uniforme.

j) Deslice la cáscara hacia atrás debajo de la corteza para quitarla de la piedra caliente o transfiera la pizza en su bandeja o bandeja para hornear a una rejilla. Ponga a un lado durante 5 minutos. Para mantener la corteza crujiente, es posible que desee transferir el pastel de la cáscara, la bandeja o la hoja de harina directamente a la rejilla para que se enfríe después de un minuto más o menos.

k) Una vez enfriado un poco, rocíe el pastel con el vinagre balsámico, luego córtelo en gajos para servir.

21. Latkes de patata dulce

Rinde: 4 porciones

INGREDIENTES:
- 1¾ libras de batatas de pulpa anaranjada; pelado
- 1 cebolla
- 5 claras de huevo
- ½ cucharadita de sal
- ¼ cucharadita de pimienta blanca molida
- ⅓ taza de harina
- Aceite
- 1⅓ taza de puré de manzana; opcional

INSTRUCCIONES:
a) Ralle las batatas y la cebolla en un procesador de alimentos con un disco para rallar o a través de los orificios grandes de un rallador manual. Transferir a un tazón grande. Bate las claras de huevo ligeramente con sal y pimienta y agrégalas a la mezcla de papas. Mezclar bien. Agregue la harina y mezcle bien.

b) Caliente 2 cucharadas de aceite a fuego medio en una sartén antiadherente pesada de 10 a 12 pulgadas. Llene ¼ de taza de medida con la mezcla, presione para compactar y desmolde en una sartén. Repite rápidamente por 3 latkes más. Aplane cada uno con el dorso de una cuchara para formar un pastel de 2½ a 3 pulgadas y presione para compactar. Cocine 1- ½ minutos por lado.

c) Retire a una bandeja para hornear antiadherente con una espátula ranurada. Continúe con la masa restante, agregando un poco más de aceite a la sartén y revolviendo la masa para cada tanda.

d) Hornee a 450 grados F hasta que estén doradas, aproximadamente 10 minutos. Dar la vuelta y hornear 5 minutos más. Sirva caliente con puré de manzana si lo desea.

22. Daigaku en mi opinión

PARA 2–4 RACIONES

- 1 batata
- 3 cucharadas de aceite vegetal
- 5 cucharadas de azúcar en polvo
- ¼ de cucharadita de salsa de soya

ralladura de 1 limón, más el jugo de ½ limón 1 cucharadita de semillas de sésamo negro

INSTRUCCIONES:

a) Lava muy bien el boniato (no lo peles) y córtalo en gajos irregulares de no más de 3 cm de grosor. Remoje los gajos en agua fría durante 20 a 30 minutos para eliminar el exceso de almidón, luego séquelos completamente con papel de cocina o un paño de cocina limpio.

b) Coloque el aceite, el azúcar, la salsa de soja, la ralladura de lima y el jugo en una sartén honda a fuego lento y revuelva. Agregue las papas a la sartén, revuelva para cubrir con la mezcla de azúcar y aumente el fuego a medio. Coloque una tapa en la sartén y deje calentar hasta que escuche que chisporrotea.

c) Baje el fuego a medio-bajo y cocine durante 2 o 3 minutos más, luego retire la tapa y cocine durante otros 10 minutos más o menos, volteando las papas con frecuencia para asegurarse de que se doren ligeramente por todos lados. Las papas estarán listas cuando puedas perforarlas fácilmente con un palillo o un cuchillo para mantequilla.

d) Cuando las papas estén tiernas y bien doradas, apague el fuego y revuelva con las semillas de sésamo.

e) Deje enfriar un poco, luego disfrútelos solos o con helado de vainilla.

23. Bocaditos de muffin de quinoa

INGREDIENTES:

- 1 ½ tazas de quinua preparada.
- 2 huevos, batidos.
- ½ taza de puré de camote.
- ½ taza de frijoles negros.
- 1 cucharada de cilantro picado.
- 1 cucharadita de comino.
- 1 cucharadita de pimentón.
- ½ cucharaditas de ajo en polvo.
- ½ cucharaditas de sal.
- ⅛ cucharaditas de pimienta negra.
- Spray para cocinar.

INSTRUCCIONES:

a) Precaliente el horno a 350 ° F. Agregue todos los ingredientes a un tazón grande y mezcle hasta que todo esté integrado.

b) Vierta la mezcla en los moldes para muffins con una cucharada y golpee la parte superior de cada uno. Hornee hasta que esté bien cocido y manteniendo juntos unos 15-20 minutos.

24. Empanadas De Batata Con Cúrcuma

Rinde: 10 empanadas

INGREDIENTES:
- ½ taza de harina de gramo
- 1 batata, pelada y cortada en cubitos
- ½ cebolla amarilla o roja, pelada y picada finamente
- 1 cucharada de jugo de limón
- Perejil fresco picado o cilantro, para decorar
- 1 cucharadita de cúrcuma en polvo
- 1 cucharadita de cilantro molido
- 1 cucharadita de garam masala
- 3 cucharadas de aceite, divididas
- 1 trozo de raíz de jengibre, pelado y rallado o picado
- 1 cucharadita de semillas de comino
- 1 cucharadita de chile rojo en polvo o cayena
- 1 taza de guisantes, frescos o congelados
- 1 chile verde tailandés, serrano o de cayena, picado
- 1 cucharadita de sal marina gruesa

INSTRUCCIONES:

a) Cocer al vapor la patata durante 7 minutos, o hasta que esté blanda.

b) Rompe suavemente con un machacador de papas.

c) Caliente 2 cucharadas de aceite en una sartén poco profunda a fuego medio.

d) Agregue el comino y cocine por 30 segundos, o hasta que chisporrotee.

e) Agregue la cebolla, la raíz de jengibre, la cúrcuma, el cilantro, el garam masala y el chile rojo en polvo.

f) Cocine por otros 3 minutos, o hasta que estén blandas.

g) Deje que la mezcla se enfríe.

h) Una vez que la mezcla se haya enfriado, agréguela a las papas, junto con los guisantes, los chiles verdes, la sal, la harina de garbanzos y el jugo de limón.

i) Mezcle bien con las manos.

j) Forme la mezcla en empanadas y colóquelas en una bandeja para hornear.

k) Caliente la 1 cucharada restante de aceite en una sartén pesada a fuego medio.

l) Cocine las hamburguesas en lotes durante 3 minutos por lado.

m) Sirva, adornado con perejil fresco o cilantro.

25. Nachos de boniato

Hace: 6

INGREDIENTES:
- 1 cucharada de aceite de oliva
- ⅓ taza de tomate picado
- ⅓ taza de aguacate picado
- 1 cucharadita de chile en polvo
- 1 cucharadita de ajo en polvo
- 3 batatas
- 1½ cucharaditas de pimentón
- ⅓ taza de queso Cheddar rallado bajo en grasa

INSTRUCCIONES:
a) Precaliente el horno a 425 grados Fahrenheit. Cubra las bandejas para hornear con aceite en aerosol antiadherente y cúbralas con papel aluminio.
b) Pele y corte en rodajas finas las batatas en rodajas de 14 pulgadas.
c) Mezcle las rondas con aceite de oliva, chile en polvo, ajo en polvo y paprika.
d) Extienda uniformemente en la sartén precalentada y hornee por 25 minutos, volteando a la mitad del tiempo de cocción hasta que estén crujientes.
e) Retire la sartén del horno y cubra las batatas con frijoles y queso.
f) Hornee por otros 2 minutos hasta que el queso se haya derretido.
g) Mezcle el tomate y el aguacate. Atender.

26. Bocaditos de malvavisco de camote

Hace: 6-8

INGREDIENTES:
- 4 batatas, peladas y en rodajas
- 2 cucharadas de mantequilla de origen vegetal derretida
- 1 cucharadita de jarabe de arce
- Sal kosher
- bolsa de 10 onzas de malvaviscos
- ½ taza de mitades de pecanas

INSTRUCCIONES:
a) Precaliente el horno a 400 grados Fahrenheit.
b) Mezcle las batatas con mantequilla derretida a base de plantas y jarabe de arce en una bandeja para hornear y colóquelas en una capa uniforme. Condimentar con sal y pimienta.
c) Hornee hasta que estén suaves, unos 20 minutos, volteando a la mitad. Eliminar.
d) Cubra cada ronda de camote con un malvavisco y ase por 5 minutos.
e) Sirva inmediatamente con una mitad de nuez encima de cada malvavisco.

27. ceviche peruano

Ingredientes

- 2 papas medianas
- 2 de cada batatas
- 1 cebolla morada, cortada en tiras finas
- 1 taza de jugo de limón fresco
- 1/2 tallo de apio, en rodajas
- 1/4 taza de hojas de cilantro ligeramente empacadas
- 1 pizca de comino molido
- 1 diente de ajo, picado
- 1 chile habanero
- 1 pizca de sal y pimienta recién molida
- 1 libra de tilapia fresca, cortada en 1/2 pulgada
- 1 libra de camarones medianos - pelados,

Direcciones

a) Coloque las papas y las batatas en una cacerola y cubra con agua. Coloque la cebolla en rodajas en un recipiente con agua tibia.

b) Licúa el apio, el cilantro y el comino y agrega el ajo y el chile habanero. Sazone con sal y pimienta, luego agregue la tilapia y los camarones cortados en cubitos.

c) Para servir, pela las patatas y córtalas en rodajas. Agregue las cebollas a la mezcla de pescado. Cubra los tazones para servir con hojas de lechuga. Vierta el ceviche que consiste en jugo en los tazones y adorne con rodajas de papa.

28. Buñuelos de boniato al jengibre

Rinde: 1 porciones

INGREDIENTES:
- 1/2 libra de camote
- 1½ cucharadita de jengibre fresco pelado picado
- 2 cucharaditas de jugo de limón fresco
- ¼ de cucharadita de hojuelas de pimiento rojo seco y picante
- ¼ de cucharadita de sal
- 1 huevo grande
- 5 cucharadas de harina para todo uso
- Aceite vegetal para freír

INSTRUCCIONES:
a) Pelar y rallar grueso el boniato. En un procesador de alimentos picar finamente la batata rallada con el jengibre, el jugo de limón, las hojuelas de pimiento rojo y la sal, agregar el huevo y la harina, y mezclar bien la mezcla.

b) En una cacerola grande, caliente 1½ pulgadas del aceite a fuego moderadamente alto a 360F. en un termómetro de profundidad, vierta cucharadas de la mezcla de camote en el aceite en tandas y fría los buñuelos, dándoles la vuelta, durante 2 minutos o hasta que estén dorados.

c) Transfiera los buñuelos a toallas de papel para escurrir.

HAMBURGUESAS, WRAPS Y SÁNDWICHES

29. Hamburguesa de quinoa y boniato

Hace: 6

Ingredientes
- 3 camotes medianos, horneados
- 2 huevos
- 1 taza de harina de garbanzos
- 1 cucharadita de chile en polvo
- 1 cucharada de mostaza Dijon integral
- 1 cucharada de mantequilla de nueces u otra mantequilla de nueces
- jugo de ½ limón
- 1 pizca de sal marina
- 200 g de quinoa
- aceite de maní, para freír
- Crema agria de rábano picante
- 3 cucharadas de rábano picante finamente rallado
- 1¼ tazas de crema agria
- sal marina

Servir
- 6 panes de hamburguesa, cortados por la mitad
- mantequilla para los bollos
- chalotes asiáticos rojos en rodajas finas
- cebollín finamente picado

Direcciones

a) Parta las papas a lo largo y use una cuchara para raspar el interior.

b) Mezcle los huevos en un procesador de alimentos y mezcle las batatas, la harina de garbanzos, el chile en polvo, la mostaza, la mantequilla de nueces, el jugo de limón y la sal. Agrega la quinua.

c) Usando un puñado de la mezcla a la vez, forme hamburguesas redondas.

d) En un tazón, combine la sal, el rábano picante y la crema agria.

e) A fuego medio, asa las hamburguesas durante unos minutos por ambos lados.

f) Unte con mantequilla las superficies cortadas de los bollos y áselos rápidamente.

g) Coloque una hamburguesa en el fondo de cada bollo y cubra con crema agria de rábano picante, chalotes y cebolletas.

30. Hamburguesas de arroz con lentejas

Rinde: 8 porciones

Ingredientes
- ¾ taza de lentejas
- 1 camote
- 10 hojas de espinacas frescas, ralladas
- 1 taza de champiñones frescos, cortados en cubitos
- ¾ taza de pan rallado
- 1 cucharadita de estragón
- 1 cucharadita de ajo en polvo
- 1 cucharadita de perejil en hojuelas
- ¾ taza de arroz de grano largo

Direcciones
a) Cocine el arroz hasta que esté suave y ligeramente pegajoso, luego agregue las lentejas.
b) Picar una batata pelada cocida.
c) Combine la mezcla de arroz, batata y todos los demás ingredientes en un tazón.
a) Refrigere de 15 a 30 minutos. Forme empanadas y cocine en una barbacoa al aire libre con una parrilla de verduras.
b) Asegúrese de engrasar o rociar la sartén con Pam para evitar que las hamburguesas se peguen.

31. Taquitos Picantes De Batata Y Frijoles Negros

Hace: 3

INGREDIENTES:
- 1 batata mediana asada
- 1/4 taza de frijoles negros, cocidos
- 3 tortillas de maíz de 4"
- 1 cucharada de mantequilla a base de plantas
- 1/4 cucharadita de cebolla en polvo
- 1/4 cucharadita de ajo en polvo
- 1/2 cucharadita de chile en polvo
- 1 cucharadita de hojuelas de chile
- 1 cucharada de levadura nutricional
- 1/4 cucharadita de pimentón
- 1/2 cucharadita de comino
- 1 cucharadita de sal kosher

INSTRUCCIONES:
a) Encienda su freidora de aire durante 4 minutos a 400 °F.
b) En un tazón, saque la batata con un tenedor, luego tritúrela junto con la mantequilla de origen vegetal.
c) Revuelva la levadura nutricional y todas las especias hasta lograr una consistencia suave.
d) Envuelva las tortillas en una toalla de papel húmeda y caliéntelas en el microondas durante 30 segundos para que sea menos probable que se rompan mientras se envuelven.
e) Usando un plato, agregue aproximadamente 1 cucharadita de caldo de verduras. Coloque una tortilla en el plato y frote para cubrir un lado con caldo.
f) Al lado seco de la tortilla, agregue ⅓ de la mezcla cerca del borde y 1½ cucharada de frijoles. Presione los frijoles en las papas para evitar que se caigan.

g) Enrolle en un taquito levantando el borde relleno y dándole la vuelta. Asegúrate de enrollar bien y con cuidado para evitar que la tortilla se rompa.

h) Coloque la costura hacia abajo en la canasta de la freidora.

i) Repita el llenado de todas las porciones restantes de tortillas hasta que todos los taquitos estén hechos.

j) Cocine durante 10 minutos en la freidora hasta que las cáscaras estén completamente crujientes.

k) Adorne con guacamole, salsa o crema a base de plantas.

PLATO PRINCIPAL

32. Cuartos De Pollo Picantes Con Patatas Dulces

Hace: 4

INGREDIENTES:
- ½ cucharadita de pimienta negra
- 2 cucharadas de aceite de oliva
- 2 batatas, peladas y en cubos
- 1 cucharada de maicena
- ½ cucharadita de pimienta de cayena
- 1 cucharada de agua
- 1 cucharadita de chile en polvo
- hojas de cilantro fresco
- ¼ de cucharadita de canela molida
- 1 cucharada de azúcar moreno claro
- 1 cucharadita de sal kosher
- ¾ taza de caldo de pollo sin sal
- 4 cuartos de pierna de pollo, sin piel

INSTRUCCIONES:
a) En una olla eléctrica, coloque las batatas en una capa y sazone con sal y pimienta negra.
b) En un tazón, combine el azúcar moreno, el chile en polvo, la pimienta de cayena y la canela.
c) Frote la mezcla de especias por todo el pollo.
d) Caliente el aceite en una sartén antiadherente a fuego moderado.
e) Dorar el pollo por ambos lados, de 2 a 3 minutos por lado.
f) Retire el pollo de la sartén, reservando los jugos en la sartén.
g) Coloque el pollo en una sola capa, con las piezas ligeramente superpuestas, sobre las batatas en la olla eléctrica.
h) Agregue el caldo a la grasa conservada en la sartén y cocine a fuego lento durante aproximadamente 2 minutos, revolviendo y raspando para liberar los trozos dorados del fondo de la sartén.

i) Vierta la mezcla de caldo de pollo sobre ella.
j) Cocine a fuego lento durante 4 horas.
k) Reserve el líquido de cocción en la Crockpot y transfiera el pollo y las batatas a un plato para servir.
l) Quite y deseche la grasa del líquido de cocción, luego transfiérala a una olla mediana.
m) Llevar a ebullición a fuego alto.
n) Combina la maicena y el agua; revuelva la mezcla de maicena en el líquido de cocción hirviendo y cocine a fuego lento, batiendo constantemente, hasta que espese, aproximadamente 1 minuto.
o) Sirva la salsa junto con el pollo y las batatas, decore como desee.

33. Patatas dulces a la florentina con ajo

Rinde: 4 porciones

INGREDIENTES:
- 4 batatas
- 2 paquetes de espinacas de 10 onzas
- 1 cucharada de aceite de oliva
- 1 chalota, picada
- 2 dientes de ajo, picados
- 6 tomates secados al sol, cortados en cubitos
- ¼ cucharadita de sal
- ¼ cucharadita de pimienta negra
- ¼ de cucharadita de hojuelas de pimiento rojo
- ½ taza de queso ricotta parcialmente descremado

INSTRUCCIONES:
a) Prepare el horno precalentándolo a 400 grados Fahrenheit.
b) Coloque las batatas en una bandeja para hornear preparada después de perforarlas con un tenedor.
c) Hornea durante 45-60 minutos hasta que las papas estén cocidas. Deje tiempo para que se enfríe.
d) Parta las patatas por la mitad con un cuchillo y esponje la pulpa de la patata con un tenedor, luego reserve.
e) En una sartén, calienta el aceite a fuego moderado. Cocine por 3 minutos hasta que los chalotes se ablanden.
f) Cocine por otros 30 segundos hasta que el ajo esté aromático.
g) Combine las espinacas escurridas, los tomates, la sal, la pimienta negra y las hojuelas de pimiento rojo. Cocine por otros 2 minutos.
h) Retirar del fuego y reservar para enfriar.
i) Incorpora el queso ricotta a la mezcla de espinacas.
j) Sirva la mezcla de espinacas encima de las batatas divididas.

34. Risotto con Judías Verdes y Patatas Dulces

Hace: 8

INGREDIENTES:
- 1 camote grande
- 5 dientes de ajo, picados
- 2 tazas de arroz integral de grano corto
- 1 cucharadita de hojas de tomillo seco
- 7 tazas de caldo de verduras bajo en sodio
- 2 tazas de judías verdes, cortadas por la mitad transversalmente
- 3 cucharadas de mantequilla sin sal
- ½ taza de queso parmesano

INSTRUCCIONES:
a) En una olla de cocción lenta de 6 cuartos, mezcle la batata, el ajo, el arroz, el tomillo y el caldo.
b) Tape y cocine a fuego lento durante 3 a 4 horas.
c) Mezclar las judías verdes.
d) Tape y cocine a fuego lento durante 37 minutos.
e) Agregue la mantequilla y el queso. Cubra y cocine a fuego lento durante 20 minutos, luego revuelva y sirva.

35. Salmón al horno y batatas

Porciones: 4 porciones

Ingredientes
- 4 filetes de salmón, sin piel
- 4 batatas medianas, peladas y cortadas en 1 pulgada de grosor
- 1 taza de floretes de brócoli
- 4 cucharadas de miel pura (o sirope de arce)
- 2 cucharadas de mermelada/mermelada de naranja
- 1 nuez de jengibre fresco de 1 pulgada, rallado
- 1 cucharadita de mostaza Dijon
- 1 cucharada de semillas de sésamo, tostadas
- 2 cucharadas de mantequilla sin sal, derretida
- 2 cucharaditas de aceite de sésamo
- Sal y pimienta para probar
- Cebolletas/cebolletas, recién picadas

INSTRUCCIONES:

a) Precaliente el horno a 400F. Engrasar el molde para hornear con mantequilla sin sal derretida.

b) Coloque las batatas en rodajas y los floretes de brócoli en la sartén. Sazone ligeramente con sal, pimienta y una cucharadita de aceite de sésamo. Asegúrese de que las verduras estén ligeramente cubiertas con aceite de sésamo.

c) Hornea las patatas y el brócoli durante 10-12 minutos.

d) Mientras las verduras aún están en el horno, prepare el glaseado dulce. En un tazón, agregue la miel (o el jarabe de arce), la mermelada de naranja, el jengibre rallado, el aceite de sésamo y la mostaza.

e) Retire con cuidado la bandeja para hornear del horno y extienda las verduras a un lado para dejar espacio para el pescado.

f) Sazone ligeramente el salmón con sal y pimienta.

g) Coloque los filetes de salmón en el centro de la bandeja para hornear y vierta el glaseado dulce sobre el salmón y las verduras.

h) Regrese la sartén al horno y cocine durante 8-10 minutos adicionales o hasta que el salmón esté tierno.

i) Transfiera el salmón, las batatas y el brócoli a un buen plato para servir. Adorne con semillas de sésamo y cebolletas.

36. **Salmón Teriyaki Con Verduras**

Porciones: 4 porciones

Ingredientes

- 4 filetes de salmón, sin piel ni espinas
- 1 batata grande (o simplemente patata), cortada en trozos pequeños
- 1 zanahoria grande, cortada en trozos pequeños
- 1 cebolla blanca grande, cortada en gajos
- 3 pimientos morrones grandes (verde, rojo y amarillo), picados
- 2 tazas de floretes de brócoli (se pueden reemplazar con espárragos)
- 2 cucharadas de aceite de oliva virgen extra
- Sal y pimienta para probar
- Cebolletas, finamente picadas
- Salsa teriyaki
- 1 taza de agua
- 3 cucharadas de salsa de soja
- 1 cucharada de ajo picado
- 3 cucharadas de azúcar moreno
- 2 cucharadas de miel pura
- 2 cucharadas de fécula de maíz (disueltas en 3 cucharadas de agua)
- ½ cucharadas de semillas de sésamo tostadas

INSTRUCCIONES:

a) En una sartén pequeña, bata la salsa de soja, el jengibre, el ajo, el azúcar, la miel y el agua a fuego lento. Revuelva continuamente hasta que la mezcla hierva lentamente. Agregue el agua de maicena y espere hasta que la mezcla espese. Agregue las semillas de sésamo y reserve.

b) Engrase una fuente grande para hornear con mantequilla sin sal o aceite en aerosol. Precaliente el horno a 400F.

c) En un tazón grande, vierta todas las verduras y rocíe con aceite de oliva. Mezclar bien hasta que las verduras estén bien cubiertas de aceite. Sazone con pimienta recién molida y un poco de sal. Transfiera las verduras a la fuente para hornear. Distribuya las verduras a los lados y deje algo de espacio en el centro de la fuente para hornear.

d) Coloque el salmón en el centro de la fuente para hornear. Vierta 2/3 de la salsa teriyaki a las verduras y al salmón.

e) Hornea el salmón durante 15-20 minutos.

f) Transfiera el salmón al horno y las verduras asadas a una buena fuente para servir. Vierta el resto de la salsa teriyaki y adorne con cebolletas picadas.

37. Salmón con batatas y frijoles

Este plato es rápido, muy bueno y sencillo especialmente para la noche.

Ingredientes:
- para dos personas
- 2 empanadas de salmón
- 1 boniato grande (muy grande)
- 200 g de judías verdes
- Zumo de limónEneldo (son hierbas románticas, va bien con el salmón, pero si no te importa 2 cucharadas de aceite de oliva para cocinar el salmón)
- Mantequilla (1 cucharada)
- 5cl de aceite (cualquiera) para cocer boniato
- sal, papel

Preparación:
a) Empieza quitando los extremos no comestibles de las judías y córtalas en trozos de unos 3 cm de largo. Luego cocine con vapor durante 10 minutos. Luego poner aceite de oliva en una sartén pero puede ser opcional. Sin embargo, lo hice para este caso, pero cocinar al vapor es suficiente. reserva los frijoles
b) Luego poner el aceite de oliva en una sartén. Agrega los filetes de salmón. Y cocine por unos minutos. Ambos lados deben ser de color. Sal cada cara. Reserve y espolvoree con eneldo.
c) Pelar la batata. Y cortar en rodajas gruesas. Luego corte cada disco por la mitad (medios círculos).
d) Calentar el aceite. Cocine los trozos de camote a fuego medio. Debe estar cocido y coloreado por ambos lados. Retirar y sal.
e) Disfruta el salmón con los camotes fritos que se están derritiendo por dentro y los frijoles en mantequilla.
f) Puedes comer un chorrito de jugo de limón sobre el salmón.

38. Bacalao al Vapor Matcha

Rinde: 4 porciones

INGREDIENTES
- 2 tazas de camote pelado en juliana
- 1 libra de bacalao, cortado en 4 piezas
- 2 cucharaditas de polvo de matcha
- 4 cucharadas de mantequilla sin sal
- 8 ramitas de tomillo fresco
- 4 rodajas de limón fresco
- 1 cucharadita de sal kosher

INSTRUCCIONES:
a) Precaliente el horno a 425 grados F. Tome 4 hojas de papel pergamino, cada una de aproximadamente 12 por 16 pulgadas, por la mitad y luego desdoble para hacer un pliegue.

b) Coloque una pila de tiras de boniato en un lado de cada hoja de pergamino y cubra cada una con un trozo de bacalao.

c) Espolvoree cada trozo de pescado con 1 cucharadita de matcha, luego cubra cada uno con 1 cucharada de mantequilla, 2 ramitas de tomillo y una rodaja de limón; sazonar con sal.

d) Dobla el papel pergamino para encerrar el relleno y dobla los bordes para sellar y formar un paquete en forma de media luna.

e) Transfiera a una bandeja para hornear y hornee por 20 minutos. Retire los paquetes del horno y déjelos reposar de 5 a 10 minutos antes de abrirlos.

39. Cazuela De Batata Y Malvavisco

Rinde: 10 porciones

INGREDIENTES:
- 4 ½ libras de batatas
- 1 taza de azúcar granulada
- ½ taza de mantequilla vegana ablandada
- ¼ taza de leche vegetal
- 1 cucharadita de extracto de vainilla
- ¼ cucharadita de sal
- 1 ¼ tazas de cereal de hojuelas de maíz, triturado
- ¼ taza de nueces picadas
- 1 cucharada de azúcar moreno
- 1 cucharada de mantequilla vegana, derretida
- 1½ tazas de malvaviscos en miniatura

INSTRUCCIONES:
a) Precaliente el horno a 425 grados Fahrenheit.
b) Ase las batatas durante 1 hora o hasta que estén blandas.
c) Corte las batatas por la mitad y saque el interior en un plato para mezclar.
d) Con una batidora eléctrica, bata el puré de batatas, el azúcar granulada y los siguientes 5 ingredientes hasta que quede suave.
e) Coloque la mezcla de papas en una fuente para hornear de 11 x 7 pulgadas que haya sido engrasada.
f) En un tazón, combine el cereal de hojuelas de maíz y los siguientes tres ingredientes.
g) Espolvorea en filas diagonales a 2 pulgadas de distancia sobre el plato.
h) Hornee por 30 minutos.
i) Entre filas de hojuelas de maíz, espolvorea malvaviscos; hornee por 10 minutos.

40. Pato asado frío con verduras

Rinde: 4 porciones

INGREDIENTES:
- 1 taza de batatas
- 1 taza de zanahorias
- 1 taza de pepino
- 1 taza de nabo blanco chino
- 1 pimiento verde
- 1 taza de col china (hasta)
- 1 taza de azúcar
- 1 taza de vinagre
- 1 cucharada de salsa de tomate
- 1 cucharada de aceite
- ½ cucharadita de sal
- ½ cucharadita de salsa picante
- 3 gotas de aceite de sésamo; más o menos
- 1 pizca de canela
- 1 pizca de pimienta
- 1 lechuga (hasta)
- 2 libras de pato asado

INSTRUCCIONES:

a) Pelar y triturar las batatas, las zanahorias, el pepino y el nabo blanco chino. Pimienta verde rallada y col china.

b) Combine el azúcar, el vinagre, la salsa de tomate, el aceite, la sal, la salsa picante, el aceite de sésamo, la canela y la pimienta. Agregue a las verduras trituradas y mezcle bien. Refrigere, tapado, 24 horas.

c) Mezcle las verduras nuevamente y refrigere, tapado, 24 horas más. Escurra, desechando la marinada.

d) Triture la lechuga y colóquela en una fuente para servir. Cubra con verduras escurridas.

e) Pato asado deshuesado y desmenuzado. Disponer sobre las verduras y servir.

41. Cuencos de cosecha Buffalo Tempeh

Marcas: 2

INGREDIENTES:
- 8 onzas de tempeh
- jarabe de arce de 1 onza
- 1.5 oz de salsa picante
- 1 cucharadita de mostaza Dijon
- 3 dientes de ajo
- 4 oz de verduras mixtas
- 1 camote
- 4 cucharadas de caldo de verduras, divididas
- 2 cucharaditas de caldo de verduras
- 1 manzana mediana
- 1/2 oz de vinagre de vino tinto
- 1/4 taza de veganesa sin soya
- 1/3 taza de nueces
- Sal y pimienta

INSTRUCCIONES:
a) Precaliente el horno a 400 °F.
b) En un tazón mediano, bata la salsa picante y 1 cucharada de caldo de verduras para preparar la salsa Buffalo.
c) Corta el tempeh en tiras de 1/4 de pulgada de grosor y mézclalo con la salsa Buffalo para cubrirlo.
d) Retire los dientes de ajo y corte la batata por la mitad a lo largo, luego en 4-5 gajos.
e) Cubra una bandeja para hornear con papel de aluminio o papel pergamino. Retire el tempeh del tazón, agítelo suavemente para eliminar el exceso de salsa y colóquelo en una bandeja para hornear forrada con papel pergamino.
f) Mezcle los dientes de ajo, los gajos de batata y 1 cucharadita de caldo de verduras en el lado opuesto de la bandeja para hornear.

g) Espolvorea sal y pimienta sobre todo en la bandeja para hornear.

h) Hornee durante al menos 22 a 24 minutos o hasta que el Buffalo tempeh esté crujiente y las batatas estén tiernas.

i) Mezcle y combine todos los ingredientes para el aderezo de ajo asado en un tazón.

j) Triture los dientes de ajo asados en un tazón pequeño. Batir el vinagre de vino tinto restante, la Vegenaise, la mostaza Dijon y una pizca de sal y pimienta para hacer el aderezo de ajo asado.

k) Mezcle la ensalada de manzana con el Buffalo tempeh y las verduras mixtas para combinar. Agregue gajos de camote asado y nueces confitadas encima. Rocíe con aderezo de ajo asado.

SOPAS Y CURRIES

42. **Sopa de pollo crockpot**

Hace: 8

INGREDIENTES
- 2 cucharadas de cebollín picado
- 3 libras de pollo frito
- ½ cucharadita de estragón picado
- 2 tazas de tomates picados
- 1 taza de granos de elote
- ½ taza de cebollas verdes, picadas
- 1 cucharadita de albahaca, picada
- ½ taza de guisantes sin cáscara
- 6 tazas de caldo de pollo desgrasado
- ½ taza de batatas cortadas en cubitos
- ½ taza de jerez seco

INSTRUCCIONES:
a) Cocine los trozos de pollo en jerez durante aproximadamente 10 minutos en una cacerola y luego agregue los tomates, el maíz, las cebollas verdes y las batatas.
b) Cocine durante 5 minutos después de agregar los guisantes, las cebolletas, la albahaca, el estragón y el chile.
c) Agregue los trozos de pollo, el agua y el caldo y transfiéralo a una olla eléctrica.
d) Cocine a fuego lento durante 1 hora.

43. Platija tailandesa de coco y curry

Hace: 6

INGREDIENTES:
- 2 cucharadas de aceite de canola
- 1 taza de arroz jazmín integral crudo
- 1 taza de leche de coco light enlatada
- ¼ taza de albahaca fresca en rodajas finas
- 1½ tazas de agua
- 1 taza de pimiento verde picado
- 2 cucharadas de ajo picado
- 2½ cucharadas de pasta de curry rojo tailandés
- 1½ libras de filetes de lenguado sin piel
- 2 batatas, peladas y en cubos
- Lata de 14½ onzas de tomates cortados en cubitos, sin escurrir
- ¼ de cucharadita de sal kosher

INSTRUCCIONES:

a) En un recipiente apto para microondas, cocine las batatas en ALTO durante 5 a 6 minutos, deteniéndose para revolver después de 3 minutos.

b) En una olla de cocción lenta de 6 cuartos, rocíe el arroz con el aceite y revuelva para cubrir uniformemente.

c) Agregue los tomates, el agua, el pimiento, el ajo y las batatas.

d) Cocine, tapado, en ALTO durante 3 horas.

e) Incorpora la leche de coco y la pasta de curry a la mezcla de arroz suavemente.

f) Cocine tapado a temperatura ALTA durante 15 minutos o hasta que el líquido se haya absorbido en su mayor parte.

g) Coloque el pescado encima de la mezcla de arroz y sazone con sal.

h) Cocine tapado a temperatura ALTA durante 20 minutos o hasta que el salmón se desmenuce fácilmente con un tenedor.

i) Sirva el pescado con la mezcla de arroz y espolvoree con albahaca de manera uniforme.

44. Sopa de zanahoria y jengibre Crockpot

Hace: 6

INGREDIENTES
- Una pizca de sal kosher y pimienta negra molida
- 3 dientes de ajo
- ¼ taza de hojas de menta
- 1 cucharadita de pimentón ahumado
- ⅓ taza de crema espesa
- 1 cebolla dulce, picada
- 2 libras de zanahorias, peladas y picadas
- ⅓ taza de hojas de cilantro
- 2 hojas de laurel
- 2 cucharadas de jugo de lima
- 1 camote, pelado y picado
- 6 tazas de caldo de verduras
- 1 trozo de jengibre, pelado y en rodajas
- ¼ de cucharadita de pimentón ahumado

INSTRUCCIONES:
a) Usando una olla eléctrica, mezcle las zanahorias, las batatas, la cebolla, el ajo, el jengibre, el pimentón, las hojas de laurel y el caldo. Condimentar con sal y pimienta.
b) Cocine a fuego lento durante 1 hora.
c) Agregue jugo de lima, menta y cilantro.
d) Retire las hojas de laurel y luego hágalas puré con una licuadora.
e) Servir con una cucharada de crema.

45. sopa de caldo

Rinde: 6 porciones

INGREDIENTES

- 2 libras de piernas de res, enjuagadas y secas
- 4 cangrejos azules blandos opcional
- 2 cucharadas de jugo de lima fresco
- ½ cucharadita de pimienta negra molida
- 1 cucharada de sal
- 2 cucharadas de perejil picado
- 2 cebollines finamente picados
- 1 ramita de tomillo
- 3 cucharadas de ajo finamente picado
- 2 ¼ tazas de harina para todo uso
- 1 taza de agua
- 1 cucharadita de sal
- 1 cucharadita de pimienta negra molida
- ¼ de cucharadita de pimentón dulce
- 2 cucharadas de aceite de oliva
- 1 cebolla blanca picada
- 1 pimiento verde picado
- 2 tomates picados
- 2 malanga o yautia. pelado y en cubos
- 1 plátano verde pelado y rebanado
- 4 tazas de espinacas bien empacadas
- 1 chayote pelado y en cubos
- 2 zanahorias peladas y cortadas en rodajas
- 2 chirivías peladas y cortadas en rodajas
- 2 papas peladas y en cubos
- 2 batatas blancas medianas peladas y en cubos
- 2 cucharadas de caldo de res en polvo
- Una pizca de ajo en polvo al gusto
- Una pizca de sal al gusto

- Pizca de pimienta al gusto
- ½ de pimiento picante o ¼ de cucharadita de salsa picante

INSTRUCCIONES

a) Marinar la carne durante la noche en un bol con el jugo de lima, el perejil, la sal, la pimienta negra, el ajo, las cebolletas y el tomillo.

b) Retire y hierva la carne, agregue agua gradualmente.

c) Combine la harina, el agua, la sal, la pimienta y el pimentón dulce en un tazón.

d) Forme albóndigas con una cuchara o con las manos. Coloque a un lado.

e) Si usa cangrejos azules, límpielos, quíteles el caparazón y córtelos por la mitad a lo largo del medio.

f) Coloque el aceite, las cebollas y los pimientos verdes junto con los cangrejos azules en una olla grande y caliente a fuego medio durante dos o tres minutos.

g) Agregue la chirivía, la zanahoria, los tomates, la espinaca y el chayote. Cocine durante 4 a 5 minutos.

h) Agregue 8 tazas de agua, cubra y deje hervir.

i) Deje que las verduras hiervan a fuego lento durante 7 a 8 minutos.

j) Agregue los demás ingredientes, incluida la carne y las albóndigas.

k) Cubra sin apretar y deje hervir a fuego lento durante 25 a 30 minutos, o hasta que todos los ingredientes, incluidas las albóndigas, estén bien cocidos.

l) Servir caliente.

46. Lentejas al curry con batatas y garbanzos

INGREDIENTES:
- ¼ taza de aceite de coco
- 1 cebolla roja grande, cortada en cubitos
- Sal al gusto
- 2 cucharadas de curry en polvo
- 2 cucharaditas de comino en polvo
- 2 cucharaditas de semilla de mostaza
- 1 cucharadita de cilantro molido
- 8 onzas de lentejas marrones
- 3 batatas medianas
- 4 tazas de caldo de hueso de pollo (2 cartones)
- 1 lata (28 oz) de tomates cortados en cubitos asados al fuego
- 1 lata (28 oz) de garbanzos, escurridos
- Perejil fresco picado para decorar

INSTRUCCIONES:

a) Caliente el aceite de coco a fuego medio en una cacerola grande durante aproximadamente 1 minuto.

b) Agregue la cebolla y una pizca de sal. Saltee hasta que las cebollas estén transparentes.

c) Agregue curry en polvo, comino, semillas de mostaza y cilantro y cocine por 1 minuto, revolviendo con frecuencia.

d) Agregue las lentejas, las batatas, el caldo y los tomates. Llevar a ebullición y dejar cocer a fuego lento durante 25 minutos, tapado, o hasta que las lentejas y las batatas estén tiernas.

e) Agregue los garbanzos y cocine hasta que estén bien calientes, aproximadamente 2 minutos.

f) Emplatar y decorar con perejil picado. ¡Disfrutar!

47. Sopa Mexicana De Caldo De Carne Y Camote

INGREDIENTES:

- 1 cucharada de aceite de aguacate refinado o aceite de oliva
- 1 libra de carne de res magra guisada
- 1 cucharadita de sal kosher
- 1 taza de cebolla picada
- 1 cucharadita de ajo picado
- 1 taza de pimiento dulce picado
- 2 tazas de camote, pelado y picado
- 1 cucharadita de chile en polvo
- 1 cucharadita de orégano seco
- 1 cucharadita de comino molido
- 14 onzas de salsa roja
- Caldo de pollo, 2 tazas
- 2 cucharaditas de jugo de lima
- ⅓ taza de cilantro picado
- sal kosher al gusto
- Pimienta negra molida al gusto

INSTRUCCIONES:

a) Caliente una sartén grande de hierro fundido a fuego alto.

b) Agregue la carne estofada y espolvoree con sal. Revuelva la carne hasta que se dore, 5 minutos. Con una espumadera, retire la carne y transfiérala a un plato. Dejar de lado.

c) Coloque la cebolla, el ajo y el pimiento en la sartén a fuego medio-alto, revolviendo ocasionalmente hasta que la cebolla y el ajo estén fragantes y los pimientos estén tiernos o unos 5 minutos.

d) Agregue la batata, el chile en polvo, el orégano, el comino, el caldo y la salsa. Mezcle bien. Llevar a ebullición. Luego, cubra y cocine a fuego lento durante 30 minutos o hasta que las batatas estén tiernas.

e) Agregue el jugo de lima, el cilantro, la sal y la pimienta. Deje que se caliente a fuego lento, unos 4 minutos.

f) Sirva la sopa de caldo en frascos preparados, ya sea pintas o cuartos, dejando un espacio superior de 1 pulgada.

g) Selle con tapas de conservas de 2 partes para apretar con los dedos.

h) Procese los frascos en su envasadora a presión precalentada durante 40 minutos.

i) Cuando se complete el Tiempo de procesamiento: apague el fuego y deje que la envasadora alcance la temperatura ambiente de forma natural.

j) Cuando estén fríos, retire los frascos de la envasadora y revise los sellos.

48. Sopa de boniato y tequila

Rinde: 4 porciones

INGREDIENTES:
- 3 batatas medianas
- 4 cucharadas de tequila
- ¼ taza de mantequilla sin sal; temperatura ambiente.
- Nuez moscada fresca rallada al gusto
- ½ cucharadita de sal
- Pimienta blanca recién molida al gusto

INSTRUCCIONES:
a) Frote las batatas sin pelar, córtelas en trozos grandes y cocínelas en agua hirviendo ligeramente salada hasta que estén tiernas. Luego vierta el agua, cubra la sartén y deje que las papas se 'esponjen' durante unos 5 minutos.

b) Pele rápidamente las papas, agregue 2 cucharadas de tequila, mantequilla y nuez moscada. Batir con una batidora eléctrica o procesar en un procesador de alimentos hasta que quede suave.

c) Pruebe y agregue sal, pimienta blanca y 2 cucharadas más de tequila, si lo desea. Servir tibio. Rinde de 4 a 6 porciones.

49. Guiso de Frijoles Rojos de Jamaica

Rinde: 4 porciones

INGREDIENTES
- 1 cebolla amarilla, picada
- 2 zanahorias, cortadas en rodajas
- ½ taza de agua
- Lata de 13.5 onzas de leche de coco
- 2 dientes de ajo, picados
- ¼ cucharadita de pimienta negra
- 1 batata, pelada y cortada en cubitos
- 3 tazas de frijoles rojos oscuros cocidos, escurridos y enjuagados
- 1 cucharada de aceite de oliva
- 1 cucharadita de polvo de curry caliente o suave
- 1 cucharadita de tomillo seco
- ¼ cucharadita de pimienta de Jamaica molida
- ½ cucharadita de sal baja en sodio
- Lata de 14.5 onzas de tomates cortados en cubitos, escurridos

INSTRUCCIONES
a) Caliente el aceite en una cacerola y cocine la cebolla y las zanahorias, durante unos 4 minutos.
b) Agregue ajo, batata y pimiento rojo, seguido de frijoles, tomates, curry en polvo, tomillo, pimienta de Jamaica, sal y pimienta negra.
c) Agregue el agua y cocine a fuego lento, tapado, durante 30 minutos.
d) Agregue la leche de coco justo al final.

50. Sopa de pollo

Tiempo de preparación: 25 minutos
Tiempo de cocción: 1 hora 15 minutos
Rinde: 6 porciones

INGREDIENTES
- 1½ -2 libras de pollo, cortado en trozos
- 10 tazas de agua 2 ½ litros
- 1 libra de calabaza puede usar 1 calabaza moscada, picada
- 2 papas irlandesas o batatas, picadas
- 1 chocho picado
- 2 zanahorias picadas
- 2 cebollines picados
- 6 ramitas de tomillo
- gorro escocés
- 8 bayas de pimiento

PARA LOS DUMPLING Y SPINNERS
- 2 tazas de harina sin gluten 260g
- ½ taza de agua
- ½ cucharadita de sal rosa

INSTRUCCIONES

a) Pon a hervir una olla de agua.

b) Agregue el pollo, la mitad de la calabaza o calabaza y las bayas de pimiento.

c) Hierva la mezcla durante 30 minutos con la tapa puesta, o hasta que el pollo esté cocido y la calabaza esté blanda.

d) Use un tenedor para machacar la calabaza o la calabaza.

e) Para hacer tus dumplings, combina la harina y la sal rosa en un tazón mediano y luego agrega el agua gradualmente.

f) Combine el agua y la harina para formar una bola de masa.

g) Toma un poco de masa y enróllala en la palma de tus manos.

h) Forme la bola de masa en discos para crear albóndigas que se forman típicamente.

i) Coloque suavemente cada rueda giratoria y bola de masa en el caldo hirviendo.

j) Agregue la calabaza o calabaza restante, la cebolleta, el chocho, las papas, las zanahorias, el tomillo, la mezcla de sopa de gallo casera y el scotch bonnet.

k) Tape la olla y deje que la sopa hierva a fuego lento durante 45 minutos o hasta que espese.

51. Sopa de maíz

Tiempo de preparación: 10 minutos
Tiempo de cocción: 1 hora 35 minutos
Rinde: 6 porciones

INGREDIENTES:
- 1½ libras de coletas saladas cortadas en trozos y hervidas
- 1 ¼ tazas de guisantes amarillos, lavados
- 5 ¼ tazas de agua
- 4 dientes de ajo, triturados
- 2 cucharadas de aceite de coco
- 6 ramitas de tomillo fresco
- 1 cebolla, picada
- 2 tallos de apio, cortado en cubitos
- ¼ taza de perejil fresco picado
- 3 cebolletas, picadas
- 3 pimientos morrones, cortados en cubitos
- 2 Chiles Rojos Ojo de Pájaro
- 3 cucharadas de hojas de cilantro picadas
- ¼ de cucharadita de pimienta negra recién molida
- 2 tazas de calabazas cortadas en cubitos
- 2 tazas de batatas cortadas en cubitos
- 2 tazas de caldo de pollo
- 1½ tazas de leche de coco
- 2 zanahorias, cortadas en cubitos
- 4 Maíz cortado en trozos
- 1 lata de Crema de Maíz
- 1 taza de maíz congelado
- 1 taza de harina para todo uso
- 1 pizca de sal

INSTRUCCIONES:

a) Combine las coletas hervidas con los guisantes amarillos y el ajo y deje hervir.

b) Cocine a fuego lento durante 35-40 minutos o hasta que los guisantes estén tiernos.

c) Caliente el aceite de coco a fuego medio, luego agregue la cebolla, las cebolletas, el tomillo fresco, los pimientos morrones, las hojas de cilantro, el perejil fresco, el chile ojo de pájaro rojo, el apio y la pimienta negra recién molida. Cocine durante unos 4-5 minutos.

d) Agregue las batatas, las calabazas y las zanahorias y revuelva bien. Luego agregue el caldo de pollo y deje hervir durante unos 25 minutos.

e) Agregue los guisantes/la coleta a la olla de sopa y revuelva bien.

f) Agregue la leche de coco, el maíz congelado y la crema de maíz.

g) Cocine a fuego lento durante otros 20 minutos.

h) Coloque el agua, la harina para todo uso y la sal en un tazón y amase hasta formar una masa suave. Deja reposar la masa durante unos 5 minutos.

i) Divida en 3 bolas más pequeñas y extienda cada parte para formar una pajita gruesa, un cilindro.

j) Cortar en trozos pequeños y agregar a la sopa hirviendo.

k) Agregue los pedazos cortados de maíz y cocine por unos 5 minutos.

52. Sopa de Verduras con Salmón

Porciones: 4 porciones

INGREDIENTES:
- 2 filetes de salmón, sin piel y cortados en trozos pequeños
- 1 ½ tazas de cebolla blanca, finamente picada
- 1 ½ tazas de camote, pelado y cortado en cubitos
- 1 taza de floretes de brócoli, cortados en trozos pequeños
- 3 tazas de caldo de pollo
- 2 tazas de leche entera
- 2 cucharadas de harina para todo uso
- 1 cucharadita de tomillo seco
- 3 cucharadas de mantequilla sin sal
- 1 hoja de laurel
- Sal y pimienta para probar
- Perejil plano, finamente picado

INSTRUCCIONES:
a) Cocine la cebolla picada en mantequilla sin sal hasta que esté transparente. Agregue la harina y mezcle bien con la mantequilla y la cebolla. Vierta el caldo de pollo y la leche, luego agregue los cubos de batata, la hoja de laurel y el tomillo.
b) Deje que la mezcla hierva a fuego lento durante 5-10 minutos mientras revuelve ocasionalmente.
c) Agregue los floretes de salmón y brócoli. Luego, cocine durante 5-8 minutos.
d) Sazone con sal y pimienta y ajuste el sabor cuando sea necesario.
e) Transfiera a tazones individuales pequeños y adorne con perejil picado.

53. Bisonte molido y estofado de verduras

Porciones: 5-6

Ingredientes
- 1 libra de bisonte molido
- 1-2 cucharadas de aceite de aguacate
- 3 zanahorias grandes (2 tazas), picadas
- 3 tallos de apio (1 taza), en rodajas
- 2 camotes blancos grandes (2 tazas), picados
- 1/2 cucharaditas de sal
- 2 cucharaditas de cúrcuma
- 3 tazas de caldo de pollo
- 1 1/2 tazas de calabaza moscada, en puré
- 3 tazas de col rizada, picada
- Perejil fresco, cobertura (opcional)

Direcciones

a) Caliente una sartén grande a fuego medio y agregue el bisonte molido, rompiéndolo en pedazos. Una vez que la carne haya terminado de cocinarse, retírela de la sartén y déjela a un lado.

b) Caliente el aceite de aguacate en una olla grande a fuego medio. Una vez caliente, agregue las zanahorias picadas y el apio. Saltear durante unos 8 minutos.

c) Agregue las batatas blancas, la sal y la cúrcuma y combine los ingredientes. Continúe cocinando los ingredientes a fuego medio, revolviendo periódicamente, durante otros 10 minutos o hasta que las verduras se hayan ablandado un poco.

d) Agregue el caldo, el puré de calabaza moscada, la col rizada y el bisonte. Revuelva todos los ingredientes y ponga a fuego medio-bajo, dejando que el estofado hierva a fuego lento durante aproximadamente 30 minutos.

e) Una vez que el guiso esté listo, sírvalo tibio y cubra con perejil fresco si lo desea.

54. Curry de carne de coco

PORCIONES: 4

INGREDIENTES:
- 1 ½ libras carne de res, cortada en trozos
- ½ taza de albahaca, en rodajas
- 2 cucharadas de azúcar moreno
- 2 cucharadas de salsa de pescado
- ¼ taza de caldo de pollo
- ¾ taza de leche de coco
- 2 cucharadas de pasta de curry
- 1 cebolla, en rodajas
- 1 pimiento, en rodajas
- 1 camote

INSTRUCCIONES:
a) En la olla instantánea, combine todos los ingredientes excepto la albahaca y revuelva bien.
b) Cocine a fuego alto durante 15 minutos después de sellar la olla con una tapa.
c) Permita que la presión se libere naturalmente antes de abrir la tapa.
d) Agregue la albahaca y mezcle bien.
e) Atender.

55. Sopa de batata y calabaza

Rinde de 4 a 6 porciones

INGREDIENTES:
- 1 calabaza pequeña (alrededor de 2 libras)
- 1 cucharadita de aceite de oliva virgen extra
- 5 tazas de caldo de verduras, hecho en casa o comprado en la tienda
- 1 rama de canela (2 pulgadas)
- ½ cucharadita de sal marina gruesa
- 2 batatas (alrededor de 1½ libras en total), peladas y cortadas en trozos de 1 pulgada
- 1 taza Anacardos A La Crema
- Pimienta blanca recién molida

INSTRUCCIONES:

a) Precaliente el horno a 275°F. Cubra una bandeja para hornear pequeña con borde con papel pergamino.

b) Corta la parte superior de la calabaza y saca las semillas. (Está bien si las semillas tienen algunos restos de calabaza). Coloque las semillas en un tazón pequeño, rocíe con el aceite y revuelva hasta que estén cubiertas de manera uniforme.

c) Extienda las semillas en una sola capa sobre la bandeja para hornear forrada y hornee durante unos 15 minutos, hasta que estén ligeramente doradas, revolviendo cada 5 minutos para una cocción uniforme. Dejar de lado.

d) Mientras tanto, pela la calabaza y córtala en trozos de 1 pulgada. Ponga el caldo, la rama de canela y la sal en una cacerola grande a fuego medio y cocine a fuego lento. Cocine por 5 minutos, luego agregue la calabaza y las batatas. Aumente el fuego a alto y deje hervir.

e) Inmediatamente disminuya el fuego a medio-bajo, cubra y cocine a fuego lento, revolviendo ocasionalmente, hasta que las verduras estén tiernas, aproximadamente 35 minutos. Agregue la crema de anacardos.

f) Usando una licuadora estándar y trabajando en lotes, o usando una licuadora de inmersión, mezcle la sopa hasta que quede suave. Vierta la sopa nuevamente en la cacerola y cocine, a fuego medio-bajo, revolviendo ocasionalmente, hasta que se caliente.

g) Si es necesario, diluya con agua para que la sopa se vierta fácilmente con una cuchara. Sazone con sal y pimienta al gusto. Servir adornado con las semillas de calabaza tostadas.

56. Curry tailandés de patata dulce

Hace: 4-5

INGREDIENTES:
- Aceite: 1 cucharada
- Chalotes: 2, en rodajas finas
- Batatas: 2 (peladas y en cubos)
- Espinacas tiernas frescas: 3-4 tazas
- Pasta de curry: 2-3 cucharadas
- Leche de coco regular: 1 (14 onzas)
- Caldo o agua: ½- 1 taza
- Maní y cilantro: ½ taza (picado)
- Salsa de soja: al gusto

INSTRUCCIONES:
a) El ajo, los chalotes y el jengibre deben asarse.
b) En un procesador de alimentos, mezcle todos los ingredientes y algunas especias, la pasta de limoncillo y el cilantro.
c) Calentar el aceite a temperatura media-alta.
d) Agregue los chalotes y las batatas para cubrirlos con aceite.
e) Agregue la pasta de curry hasta que esté bien mezclada.
f) Agregue la espinaca hasta que esté completamente marchita.
g) Agregue la mezcla de maní y cilantro, reservando un poco para decorar.
h) Añadir salsa de soja.
i) Sirva con los cacahuetes/cilantro restantes encima del arroz.

57. Olla caliente de curry tailandés

Hace: 8-10

INGREDIENTES:

INGREDIENTES DEL CALDO HOT POT:

- Aceite de oliva: 1 cucharada
- Dientes de ajo: 5, picados
- Jengibre fresco: 1 pulgada (cortado en rodajas gruesas)
- Caldo de verduras básico de cocina: 8 tazas
- Leche de coco: 3 latas (15 onzas)
- Pasta de curry rojo Thai Kitchen: 4-6 cucharadas (al gusto)

HOT POT DIPERS E INGREDIENTES DE COBERTURA:

- tofu crujiente
- fideos / arroz
- Rodajas de pimientos, batatas, brócoli, zanahorias, cebollas, guisantes, coliflor, calabaza, champiñones
- Repollo, bok choy bebé, col rizada, espinacas o coles
- Hierbas frescas
- chiles frescos
- Copos de coco tostado
- Rodajas de limón
- Cebollas verdes: en rodajas finas

INSTRUCCIONES:

a) En una olla grande, caliente el aceite de oliva.

b) Agregue el ajo y el jengibre y cocine.

c) Agregue el caldo de verduras y la leche de coco hasta que todo esté bien combinado.

d) Luego mezcle de 3 a 4 cucharadas de pasta de curry hasta que se haya disuelto por completo.

e) Pruebe y, si es necesario, agregue más pasta de curry.

f) Tape y cocine por 5 minutos a fuego lento. Después de eso, saca las rodajas de jengibre.

g) Cocine a fuego lento hasta que esté listo para servir.

h) Agregue sus cucharones preferidos, hiérvalos y cuélelos en los tazones con un colador.

i) Llena cada plato con un cucharón de caldo.

j) Adorne con los ingredientes preferidos y sirva caliente.

58. Sopa cannellini picante de col rizada y boniato

Hace: 12

INGREDIENTES:
- Queso parmesano (rallado) 1 taza
- Giardiniera 1/2 taza
- Aceite de oliva el necesario
- Crema batida espesa 1/2 taza
- Col rizada fresca (picada) 3 tazas
- Frijoles cannellini (escurridos y enjuagados) 2 tazas
- Caldo de verduras 1¾ tazas
- Pimienta 1/4 cucharadita
- Sal 1/2 cucharadita
- Hojuelas de pimiento rojo (triturado) 1 cucharadita
- Salvia (frotada) 1 cucharadita
- Manzanas Granny Smith, medianas (picadas y peladas) 2
- Batatas, medianas (en cubos) 5
- Miel 1 cucharadita
- Dientes de ajo (picados) 3
- Cebolla, mediana (finamente picada) 1
- Aceite de oliva 2 cucharadas

INSTRUCCIONES:

a) Tome una olla sopera de 6 cuartos y caliente el aceite a fuego medio-alto.

b) Agregue la cebolla y cocine y mezcle de 7 a 8 minutos hasta que se ablanden.

c) Agregue el ajo y cocine por 1 minuto más. Mezcle en él el caldo, los condimentos, la miel, las manzanas y las batatas.

d) Hervir y bajar el fuego. Cocine a fuego lento y cubra durante media hora hasta que las papas estén tiernas.

e) Use una licuadora de inmersión para hacer puré la sopa o enfríe la sopa ligeramente y hágala puré en lotes en una licuadora. Devuélvelo a la sartén.

f) Agregue la col rizada y los frijoles y cocine. Manténgalo destapado a fuego medio durante 15 minutos hasta que la col rizada se ablande. Revuelva periódicamente.

g) Agregue la crema y sirva con los ingredientes que desee.

59. Estofado De Pollo Con Camote

Hace: 8

INGREDIENTES:
- Arroz integral (caliente y cocido) a tu gusto
- Pimienta de Cayena 1/4 de cucharadita
- Tomillo seco (dividido) 1/2 cucharadita
- Mantequilla de maní (cremosa) 1/4 taza
- Caldo de pollo (reducido en sodio) 1 taza
- Camote, grande (pelado y cortado en cubos de 1 pulgada) 1
- Tomates triturados 3 ½ tazas
- Frijoles de ojo negro (escurridos y enjuagados) 2 tazas
- Raíz de jengibre fresco (picado) 2 cucharadas
- Dientes de ajo (picados) 6
- Cebolla, mediana (en rodajas finas) 1
- Aceite de canola (dividido) 3 cucharaditas
- Pimienta 1/4 cucharadita
- Sal 1/2 cucharadita
- Pechugas de pollo (sin piel, sin hueso y en cubos) 2 tazas

INSTRUCCIONES:

a) Espolvorea un poco de pimienta y sal sobre el pollo. Cocine el pollo a fuego medio en dos cucharaditas de aceite durante 5 minutos en un horno holandés hasta que el pollo ya no esté rosado; Saca el pollo del horno y déjalo a un lado.

b) En la misma sartén, sofreír la cebolla en el aceite que queda hasta que esté tierna. Agrega el jengibre y el ajo; cocina por un minuto más.

c) Agregue la pimienta de cayena, 1¼ de cucharadita de tomillo, la mantequilla de maní, el caldo, la batata, los tomates y los guisantes.

d) Hervirlos y bajar el fuego; tápelo y déjelo hervir a fuego lento durante 15 a 20 minutos hasta que la papa se ablande. Agregue el pollo y caliente bien.

e) Si lo deseas, sírvelo con arroz. Espolvorear con el tomillo que queda.

60. Estofado De Lentejas Y Camote

Hace: 6

INGREDIENTES:
- Cilantro fresco (picado) 1/4 taza
- Caldo de verduras 5¼ tazas
- Pimienta de Cayena 1/4 de cucharadita
- Jengibre molido 1/4 de cucharadita
- Comino molido 1/2 cucharadita
- Dientes de ajo (picados) 4
- Cebolla mediana (picada) 1
- Zanahorias, medianas (cortadas en trozos de 1 pulgada) 3
- Lentejas secas (enjuagadas) 1½ tazas
- Camotes, medianos 2¼ tazas

INSTRUCCIONES:
a) Tome una olla de 3 cuartos (lenta) y reúna los últimos nueve ingredientes.
b) Cocínalos pero no los tapes.
c) Cocine a fuego lento durante 5 a 6 horas hasta que las lentejas y las verduras estén tiernas. Mezcle en ella el cilantro.

61. Sopa De Callaloo

Tiempo de preparación: 20 minutos
Tiempo de cocción: 1 hora
Rinde: 4 -6 porciones

INGREDIENTES
- 6 tazas de callaloo o espinaca
- 1½ tazas de camote cortado en cubitos
- 1½ tazas de calabaza moscada, cortada en cubitos
- 1 cebolla en rodajas
- 4 dientes de ajo picados
- ½ cucharada de tomillo seco
- ¼ de un gorro escocés no demasiado
- 1 cucharadita de sal rosa del Himalaya
- 1 cebollín o 3 picados
- ¼ de cucharadita de pimienta negra
- 4-5 okras en rodajas
- 2 tazas de caldo de verduras
- 2 tazas de leche de coco
- 2 cucharadas de aceite de coco

INSTRUCCIONES

a) Precaliente una cacerola pesada a fuego medio antes de agregar el aceite de coco.

b) Saltee el ajo, la cebolla y el cebollín durante un minuto o hasta que las cebollas estén tiernas.

c) Agregue la nuez moscada cortada en cubitos, la batata y la okra.

d) Deje que las verduras suden en la sartén durante dos o tres minutos, revolviendo constantemente para evitar que se quemen.

e) Agregue el sombrero escocés, el tomillo, la sal y la pimienta mientras revuelve las verduras.

f) Agregue las espinacas o callaloo a la sartén.

g) Agregue la leche de coco y el caldo de verduras, luego baje el fuego.

h) Cubra la cacerola con la tapa y deje que la mezcla hierva a fuego lento hasta que espese, hasta una hora.

i) Una vez que se haya logrado el espesor requerido, puede pulsar con una batidora de inmersión para lograr una consistencia más parecida a la de una sopa.

62. Guiso De Patatas Dulces Y Garbanzos

Hace: 4

INGREDIENTES:
- 15 oz de garbanzos, escurridos y enjuagados
- 2 tazas de camote, pelado y cortado en cubitos
- 4 cucharadas de caldo de verduras
- 15 oz de tomate triturado asado al fuego, 1 lata
- 3 dientes de ajo, picados
- 1 cebolla pequeña, picada
- 1 cucharadita de jengibre picado
- 3 tazas de caldo de verduras
- 5 oz de espinacas frescas
- 1/4 cucharadita de cilantro seco
- 1/8 cucharadita de cayena
- 1 cucharada de pimentón dulce
- 1/2 cucharadita de comino

INSTRUCCIONES:
a) En una olla grande u horno, caliente el caldo de verduras a fuego medio. Una vez que el caldo hierva a fuego lento, cocina la cebolla durante 4-5 minutos o hasta que esté transparente.
b) Agregue el ajo y el jengibre durante al menos 2 a 3 minutos. Cocine y revuelva ocasionalmente hasta que esté fragante, luego agregue pimentón dulce, comino, cilantro y pimienta de cayena.
c) En una cacerola, hierva los garbanzos, las batatas, los tomates triturados y el caldo de verduras. Reduzca el fuego a medio-bajo y deje que las batatas se cocinen durante 15-20 minutos o hasta que estén tiernas.
d) Agregue las espinacas hasta que se ablanden. Servir inmediatamente.

63. Lentejas al curry de coco

Hace: 10

INGREDIENTES:
- 2 tazas de lentejas marrones
- Lata de 14 oz de leche de coco, entera
- 3 cucharadas de curry en polvo
- 2 dientes de ajo
- 1 cebolla amarilla
- salsa de tomate de 15 onzas
- 1 3/4 lb de camote
- 3 tazas de caldo de verduras
- 2 zanahorias
- 15 oz de tomates cortados en cubitos pequeños
- 1/4 cucharadita de clavo molido

PARA SERVIR
- 1/2 cebolla roja
- 1/2 manojo de cilantro fresco
- 10 tazas de arroz cocido

INSTRUCCIONES:

a) Picar el ajo y picar la cebolla. Rebane las zanahorias peladas y pique la batata en cubos de ¼ a ½ pulgada.

b) En una olla de cocción lenta, combine el ajo, la cebolla, la batata, las zanahorias, las lentejas, el curry en polvo, los clavos, los tomates cortados en cubitos, la salsa de tomate y el caldo de verduras. Revuelva todo junto.

c) Establezca la configuración de la olla de cocción lenta en alta durante 4 horas o baja durante 7-8 horas. Cuando las lentejas estén listas, deben estar tiernas y la mayor parte del líquido absorbido.

d) Combine las lentejas y la leche de coco en un tazón. Ajuste la sal u otras especias al gusto.

e) Para servir, coloque 1 taza de arroz cocido en un tazón, seguido de 1 taza de mezcla de lentejas.

f) Sirva adornado con cebolla roja finamente picada y cilantro fresco.

PASTA

64. Ñoquis de castañas y boniato

Rinde: 4 porciones

INGREDIENTES:
GNOCCHI
- 1 + ½ taza de camote asado
- ½ taza de harina de castañas
- ½ taza de ricota de leche entera
- 2 cucharaditas de sal kosher
- ½ taza de harina sin gluten
- Pimienta blanca al gusto
- Pimentón ahumado al gusto

RAGÚ DE SETAS Y CASTAÑAS
- 1 taza de champiñones, cortados en 4
- 2-3 champiñones portobello, cortados en tiras finas
- 1 bandeja de setas shimeji (blancas o marrones)
- ⅓ taza de castaña, cortada en cubitos
- 2 cucharadas de mantequilla
- 2 chalotes, finamente picados
- 2 dientes de ajo, finamente picados
- 1 cucharadita de pasta de tomate
- Vino blanco (al gusto)
- Sal kosher (al gusto)
- 2 cucharadas de salvia fresca, finamente picada
- perejil al gusto

PARA TERMINAR
- 2 cucharadas de aceite de oliva
- Queso parmesano (al gusto)

INSTRUCCIONES:
GNOCCHI

a) Precalentar el horno a 380 grados.

b) Perfore las batatas por todas partes con un tenedor.

c) Coloque las batatas en una bandeja para hornear con borde y áselas durante unos 30 minutos o hasta que estén tiernas. Dejar enfriar un poco.

d) Pele las batatas y transfiéralas a un procesador de alimentos. Haga puré hasta que quede suave.

e) En un tazón grande, combine los ingredientes secos (harina de castañas, sal, harina sin gluten, pimienta blanca y pimentón ahumado) y reserve.

f) Transfiera el puré de camote a un tazón grande. Agregue la ricotta y agregue ¾ de la mezcla seca. Transfiera la masa a una superficie de trabajo muy enharinada y amase suavemente más harina hasta que la masa se junte pero aún esté muy suave.

g) Divida la masa en 6-8 piezas y enrolle cada pieza en una cuerda de 1 pulgada de grosor.

h) Corte las cuerdas en longitudes de 1 pulgada y espolvoree cada pieza con harina sin gluten.

i) Ruede cada ñoquis contra los dientes de un tenedor enharinado para hacer pequeñas muescas.

j) Guárdelo en una bandeja en el enfriador hasta que esté listo para usarlo.

RAGÚ DE SETAS Y CASTAÑAS

k) En una sartén caliente, derrita la mantequilla y agregue una pizca de sal.

l) Agregue los chalotes, el ajo y la salvia y saltee durante 10 minutos hasta que los chalotes estén transparentes.

m) Agregue todos los champiñones y saltee a fuego alto, revolviendo constantemente.

n) Añadir la pasta de tomate y el vino blanco y dejar reducir hasta que los champiñones estén blandos y tiernos.

o) Cubra el ragú con perejil fresco picado y castañas picadas. Dejar de lado.

PARA TERMINAR

p) Pon a hervir una olla grande de agua con sal. Agregue los ñoquis de batata y cocine hasta que floten en la superficie, aproximadamente 3-4 minutos.

q) Usando una espumadera, transfiera los ñoquis a un plato grande. Repita con los ñoquis restantes.

r) Derrita 2 cucharadas de aceite de oliva en una sartén grande para saltear.

s) Agregue los ñoquis, revolviendo suavemente, hasta que los ñoquis estén caramelizados.

t) Añadimos el ragú de setas y añadimos unas cucharadas del agua de los ñoquis.

u) Revuelva suavemente y deje que se cocine durante 2-3 minutos a fuego alto.

v) Servir con una pizca de queso parmesano encima.

65. Bucatini con Pesto y Patatas Dulces

Marcas: 4 porciones

INGREDIENTES:

- 1 camote, pelado y cortado en cubos
- 1 cebolla roja, cortada en gajos pequeños
- 1/3 taza + 2 Cucharadas. de aceite de oliva, dividido uniformemente
- pizca de sal y pimienta negra
- 4 tazas de col rizada, fresca y desgarrada
- ½ taza de perejil, de hoja plana y fresco
- 2 onzas de queso parmesano, recién rallado y extra para servir
- 1 diente de ajo
- 2 cucharaditas de ralladura de limón
- 1 ½ cucharadas. de jugo de limón, fresco
- 12 onzas de bucatini
- Piñones, ligeramente tostados y para servir

INSTRUCCIONES:

a) Primero, caliente el horno a 425 grados.

b) Mientras se calienta el horno, use una bandeja para hornear grande y agregue las papas en cubos, los gajos de cebolla y las dos cucharadas de aceite de oliva. Mezcle para mezclar. Sazone con una pizca de sal y pimienta negra.

c) Coloque en el horno para hornear durante 24 a 26 minutos o hasta que las papas y los gajos de cebolla estén suaves.

d) Durante este tiempo, coloque la col rizada y el perejil picado en un procesador de alimentos. Pulse 5 veces o hasta que esté picado. Luego agregue el queso parmesano, el diente de ajo, la ralladura de limón fresco y el jugo de limón fresco. Pulse de nuevo por otras 12 veces.

e) Rocíe lentamente el 1/3 de taza restante de aceite de oliva en la mezcla y continúe pulsando. Sazone con una pizca de sal y pimienta negra.

f) A continuación, cocine la pasta en agua hirviendo hasta que esté blanda. Una vez cocida, escurrir la pasta y reservar. Asegúrate de reservar ¼ de taza del agua de la pasta.

g) Agregue la pasta cocida, el pesto recién hecho y las verduras asadas en un tazón grande. Mezcle para mezclar. Vierta el agua de la pasta y revuelva nuevamente para mezclar.

h) Servir inmediatamente con un topping de queso parmesano y los piñones tostados.

66. Ñoquis de castañas y boniato

Rinde: 4 porciones

INGREDIENTES:

GNOCCHI

- 1 + ½ taza de camote asado
- ½ taza de harina de castañas
- ½ taza de ricota de leche entera
- 2 cucharaditas de sal kosher
- ½ taza de harina sin gluten
- Pimienta blanca al gusto
- Pimentón ahumado al gusto

RAGÚ DE SETAS Y CASTAÑAS

- 1 taza de champiñones, cortados en 4
- 2-3 champiñones portobello, cortados en tiras finas
- 1 bandeja de setas shimeji (blancas o marrones)
- 1/3 taza de castaña, picada
- 2 cucharadas de mantequilla
- 2 chalotes, finamente picados
- 2 dientes de ajo, finamente picados
- 1 cucharadita de pasta de tomate
- Vino blanco (al gusto)
- Sal kosher (al gusto)
- 2 cucharadas de salvia fresca, finamente picada
- perejil al gusto

PARA TERMINAR

- 2 cucharadas de aceite de oliva
- Queso parmesano (al gusto)

INSTRUCCIONES:
GNOCCHI

a) Precalentar el horno a 380 grados.

b) Perfore las batatas por todas partes con un tenedor.

c) Coloque las batatas en una bandeja para hornear con borde y áselas durante unos 30 minutos o hasta que estén tiernas. Dejar enfriar un poco.

d) Pele las batatas y transfiéralas a un procesador de alimentos. Haga puré hasta que quede suave.

e) En un tazón grande, combine los ingredientes secos (harina de castañas, sal, harina sin gluten, pimienta blanca y pimentón ahumado) y reserve.

f) Transfiera el puré de camote a un tazón grande. Agregue la ricotta y agregue ¾ de la mezcla seca. Transfiera la masa a una superficie de trabajo muy enharinada y amase suavemente más harina hasta que la masa se junte pero aún esté muy suave.

g) Divida la masa en 6-8 piezas y enrolle cada pieza en una cuerda de 1 pulgada de grosor.

h) Corte las cuerdas en longitudes de 1 pulgada y espolvoree cada pieza con harina sin gluten.

i) Ruede cada ñoquis contra los dientes de un tenedor enharinado para hacer pequeñas muescas.

j) Guárdelo en una bandeja en el enfriador hasta que esté listo para usarlo.

RAGÚ DE SETAS Y CASTAÑAS

k) En una sartén caliente, derrita la mantequilla y agregue una pizca de sal.

l) Agregue los chalotes, el ajo y la salvia y saltee durante 10 minutos hasta que los chalotes estén transparentes.

m) Agregue todos los champiñones y saltee a fuego alto, revolviendo constantemente.

n) Añadir la pasta de tomate y el vino blanco y dejar reducir hasta que los champiñones estén blandos y tiernos.

o) Cubra el ragú con perejil fresco picado y castañas picadas. Dejar de lado.

PARA TERMINAR

p) Pon a hervir una olla grande de agua con sal. Agregue los ñoquis de batata y cocine hasta que floten en la superficie, aproximadamente 3-4 minutos.

q) Usando una espumadera, transfiera los ñoquis a un plato grande. Repita con los ñoquis restantes.

r) Derrita 2 cucharadas de aceite de oliva en una sartén grande para saltear.

s) Agregue los ñoquis, revolviendo suavemente, hasta que los ñoquis estén caramelizados.

t) Añadimos el ragú de setas y añadimos unas cucharadas del agua de los ñoquis.

u) Revuelva suavemente y deje que se cocine durante 2-3 minutos a fuego alto.

v) Servir con una pizca de queso parmesano encima.

LADOS

67. Batatas con lima y tequila

Rinde: 1 porciones

INGREDIENTES:
- 2 libras de batatas; pelado
- ¼ taza de jugo de limón fresco
- 2 cucharadas de miel
- 1 cucharada de tequila

INSTRUCCIONES:

a) Corte las batatas en rodajas de ¾ de pulgada de grosor. Hervir las rodajas en una sartén grande a fuego alto durante unos 6 minutos. Drenar. Las batatas deben estar tiernas. En un tazón, mezcle el jugo de limón, la miel y el tequila.

b) Pincelar las patatas. Ase a la parrilla en una rejilla engrasada durante 4 a 6 minutos. Cepille repetidamente con la mezcla y gire con frecuencia. Las batatas están listas cuando están doradas.

68. Puré de batata y tocino

Hace: 4

INGREDIENTES:
- 3 camotes, pelados
- 4 onzas de tocino, picado
- 1 taza de caldo de pollo
- 1 cucharada de mantequilla
- 1 cucharadita de sal
- 2 onzas de queso parmesano, rallado

INSTRUCCIONES:
a) Cortar la batata en dados y ponerla en la sartén.
b) Agregue el caldo de pollo y cierre la tapa.
c) Hervir las verduras hasta que estén blandas.
d) Después de esto, escurra el caldo de pollo.
e) Triture la batata con la ayuda del machacador de papas. Agregar queso rallado y mantequilla.
f) Mezcle la sal y el tocino picado. Freír la mezcla hasta que esté crujiente (10-15 minutos).
g) Agrega el tocino cocido al puré de camote y mezcla con la ayuda de la cuchara.
h) Se recomienda servir la comida templada o caliente.

69. Patatas dulces salteadas con queso parmesano

Marcas: 2

INGREDIENTES:
- 2 batatas, peladas
- ½ cebolla amarilla, en rodajas
- ½ taza de crema
- ¼ taza de espinacas
- 2 onzas de queso parmesano, rallado
- ½ cucharadita de sal
- 1 tomate
- 1 cucharadita de aceite de oliva

INSTRUCCIONES:
a) Picar las batatas.
b) Picar el tomate.
c) Picar las espinacas.
d) Rocíe la bandeja de la freidora con el aceite de oliva.
e) Luego colocar sobre la capa de boniato troceado.
f) Añadir la capa de cebolla picada.
g) Después de esto, espolvorea la cebolla en rodajas con las espinacas picadas y los tomates.
h) Espolvorea la cazuela con sal y queso rallado.
i) Vierta la crema.
j) Precaliente la freidora a 390 F.
k) Cubra la bandeja de la freidora con el papel de aluminio.
l) Cuece la cazuela durante 35 minutos.

70. Patatas Dulces Con Tamarindo

Hace: 4

INGREDIENTES:
- 1 cucharada de jugo de limón fresco
- 4 batatas, peladas y en cubos
- ¼ de cucharadita de sal negra
- 1½ cucharadas de chutney de tamarindo
- ½ cucharadita de semillas de comino, tostadas y machacadas

INSTRUCCIONES:
a) Cocine las batatas durante 7 minutos en agua con sal, hasta que estén tiernas.
b) Escurrir y dejar enfriar.
c) Combine todos los ingredientes en un tazón y revuelva suavemente.
d) Sirva en tazones con palillos insertados en las batatas en cubos.

71. Caen verduras a la parrilla

Hace: 1 porción

Ingredientes
- 2 papas, cortadas en cubitos
- 1 calabaza bellota, cortada en cubitos
- ¼ taza de mantequilla; Derretido
- 1 cucharada de tomillo
- Sal y pimienta para probar
- 2 batatas, cortadas en cubitos
- 3 cucharadas de aceite vegetal

Direcciones
a) Prepare la parrilla para asar indirectamente.
b) Combine las verduras, el aceite, la sal y la pimienta en un tazón.
c) En un plato pequeño, combine la mantequilla y el tomillo.
d) Coloque las verduras en la parrilla.
e) Cocinar durante 15 minutos con la tapa cerrada.
f) Voltee, cepille con la mezcla de mantequilla y tomillo y cocine por otros 15 minutos hasta que las verduras estén blandas.

72. Chimichurri de verduras a la plancha

Rinde 4 porciones

Ingredientes
- 1/2 taza de aceite de oliva
- 2 cucharaditas de tomillo fresco
- 2 chalotes, en cuartos
- 3 dientes de ajo, machacados
- 1/3 taza de hojas de perejil fresco
- 1/4 taza de hojas de albahaca fresca
- 1/2 cucharadita de sal
- 2 cucharadas de jugo de limón fresco
- 1 cebolla roja, en cuartos
- 1 batata, pelada y cortada en cubitos
- 1 calabacín, cortado en diagonal
- 2 plátanos maduros, cortados a la mitad a lo largo
- 1/4 cucharadita de pimienta negra

Direcciones
a) Precalentar la parrilla.
b) En un procesador de alimentos, pique finamente los chalotes y el ajo.
c) Pulse hasta que el perejil, la albahaca, el tomillo, la sal y la pimienta estén finamente picados. Procese hasta que el jugo de limón y el aceite de oliva estén bien combinados. Mover a un tazón pequeño.
d) Pintar las verduras con la salsa Chimichurri.
e) Póngalos en la parrilla para cocinar.
f) Continúe asando hasta que las verduras estén blandas, de 10 a 15 minutos para todo excepto los plátanos, que deben estar listos en 7 minutos.
g) Servir inmediatamente con un chorrito de la salsa sobrante.

73. Batatas Asadas Con Ajo

4 porciones

Ingredientes
- 1-1/2 libras de batatas sin pelar, cortadas en trozos de 1/2 pulgada
- 12 dientes de ajo, pelados y cortados por la mitad
- 1 cucharada de aceite de oliva virgen extra
- 1–2 cucharadas de chile serrano o jalapeño picado 3/4 cucharadita de tomillo seco 1/2 cucharadita de sal kosher
- 1/2 cucharadita de pimienta

Direcciones
a) Precaliente su horno y sartén. Coloque una sartén resistente al horno de 12 pulgadas o una cacerola lo suficientemente grande como para contener las papas en una sola capa en el horno, encienda el fuego a 375 ° F y caliente la sartén durante 30 minutos.

b) Mezcla los ingredientes. Mientras la sartén se calienta, combine todos los ingredientes en un tazón.

c) Asar las papas. Retire la sartén caliente del horno e inmediatamente distribuya uniformemente los ingredientes mezclados. Pon la sartén en el horno y asa las papas durante 45 minutos, revolviendo cada 15 minutos para que se cocinen uniformemente.

74. Patatas dulces glaseadas con arce al vacío

Porciones: 6

INGREDIENTES:
- 2-1/2 libras de batatas, peladas y cortadas en trozos de 1-1/2 pulgadas
- 1/3 taza de jarabe de arce puro
- 2 cucharadas de mantequilla, derretida
- 1 cucharada de jugo de limón
- 1/2 cucharadita de sal

INSTRUCCIONES:
a) Configura tu Anova a 190F/87.7C.
b) Combine todos los ingredientes en una bolsa sellada al vacío.
c) Sumerja la bolsa en el baño de agua y cocine por lo menos 60 minutos y no más de 90 minutos.
d) Retire de la bolsa y rocíe el líquido sobre las papas para servir.

75. Tocino Y Patatas Dulces

PORCIONES: 4

INGREDIENTES:
- ½ taza de jugo de naranja
- 4 rebanadas de tocino, cocidas y desmenuzadas
- 4 libras de batatas, en rodajas
- 3 cucharadas de néctar de agave
- ½ cucharadita de tomillo, seco
- ½ cucharadita de salvia, triturada
- 1 cucharadita de curry en polvo
- Una pizca de sal marina y pimienta negra
- 2 cucharadas de aceite de oliva

INSTRUCCIONES:
a) En su olla instantánea, combine rodajas de camote, jugo de naranja, néctar de agave, tomillo, salvia, curry, sal marina, pimienta negra, aceite de oliva y tocino.
b) Cocine a temperatura alta durante 10 minutos, tapado.
c) Transferir a platos de desayuno y servir.

76. Puré de patata mixto Gouda

Hace: 12

INGREDIENTES:
- Pimienta 1/2 cucharadita
- Pimentón 1 cucharadita
- Sal 1/2 cucharadita
- Queso gouda (rallado) 1 taza
- 2% leche 1/2 taza
- Camotes, medianos (en cubos y pelados) 2 Papas doradas Yukon, medianas (en cubos y pelados) 6

INSTRUCCIONES:
a) Coloque las batatas y Yukon Gold en un horno holandés. Añadir agua hasta cubrir los ingredientes. Hervirlos, y luego bajar el fuego.
b) Cocínelo, pero déjelo destapado de 10 a 15 minutos hasta que se ablande. Escúrralos y vuélvalos a poner en la sartén.
c) Triturar las patatas y añadir poco a poco la leche. Mezcle en él la pimienta, la sal, el pimentón y el queso.

77. Batatas horneadas de dos tonos

Hace: 12

INGREDIENTES:
- Sal (dividida) 1½ cucharaditas
- Cebollines frescos (picados y divididos) 4 cucharadas de queso Cheddar (rallado) ¾ taza de leche al 2% 1/3 taza
- Crema agria (dividida) 2/3 taza
- Batatas, medianas 6
- Papas Russet, medianas 6

INSTRUCCIONES:
a) A 400 grados F, precaliente el horno. Frote las batatas y el rojizo; use un tenedor para perforarlos varias veces. Colóquelo en moldes forrados con papel de aluminio (15 × 10 × 1).

b) Hornee durante 1 hora a 1 hora 10 minutos hasta que estén tiernos. Reduzca la configuración del horno a 350 grados F.

c) Cuando esté lo suficientemente frío como para sostener el mango, corte todas las papas rojas a un tercio de la parte superior. Desecha todas las tapas y guarda las demás.

d) Saque la pulpa y deje solo cáscaras de ½ pulgada de espesor. Tome un tazón, triture la pulpa, agregue 1/3 taza de crema agria, ¾ de cucharadita de sal, 2 cucharadas de opciones, queso y leche.

e) Coloque la mezcla de papas rojas en la mitad de cada piel de batata y papas rojas.

f) Vierta la mezcla de camote en otra mitad. Devuélvelo a la sartén.

g) Hornee durante 15 a 20 minutos hasta que esté bien caliente.

78. Chili batata gratinada

Rinde: 6 porciones

INGREDIENTES:
- 2 latas (10 onzas) de salsa suave para enchiladas (2 tazas)
- 1 taza de agua
- 2 ajos grandes
- Clavos de olor; picado y triturado hasta obtener una pasta
- 5 batatas grandes; (alrededor de 3 1/2 libras)
- 1⅓ taza de queso Monterey Jack rallado grueso; (alrededor de 6 onzas)

INSTRUCCIONES:

a) Precaliente el horno a 375F. En una cacerola grande, cocine a fuego lento la salsa de enchilada, el agua y el ajo con sal al gusto, revolviendo ocasionalmente, durante 5 minutos.

b) Pele las papas y córtelas transversalmente en rebanadas de ⅛ de pulgada de grosor. En una fuente para hornear poco profunda o para gratinar de 3 cuartos, coloque una cuarta parte de las papas en círculos concéntricos, superponiéndolas ligeramente, y espolvoree con ⅓ de taza de queso. Continúe colocando las papas y el queso restantes de la misma manera, terminando con el queso.

c) Vierta la salsa lentamente sobre las papas, deje que se filtre entre las capas, y hornee gratinado en un molde para hornear poco profundo (puede que burbujee) a la mitad del horno durante 1 hora o hasta que las papas estén tiernas.

d) El gratinado se puede hacer con 2 días de anticipación y enfriar, tapar.

e) Vuelva a calentar el gratinado, tapado, en el horno.

ENSALADAS

79. Ensalada De Rúcula Y Camote

Hace: 4

INGREDIENTES:
- 1 libra de batatas
- 1 taza de nueces
- 1 cucharada de aceite de oliva
- 1 taza de agua
- 1 cucharada de salsa de soja
- 3 tazas de rúcula

INSTRUCCIONES:

a) Hornee las papas a 400 F hasta que estén tiernas, retírelas y reserve.

b) En un tazón, rocíe las nueces con aceite de oliva y cocine en el microondas durante 2-3 minutos o hasta que estén tostadas.

c) En un tazón combine todos los ingredientes de la ensalada y mezcle bien.

d) Verter sobre la salsa de soja y servir.

80. Ensalada de Cosecha de Otoño

Hace 4 porciones

INGREDIENTES:
- 1 libra de batatas, peladas y cortadas en dados de 1/2 pulgada
- 1 cucharada de jarabe de arce puro
- 1/2 cucharadita de mostaza Dijon
- 1/2 cucharadita de sal
- 2 cucharadas de vinagre de sidra de manzana
- 1/3 taza de aceite de semilla de uva
- 1 pera Bosc madura
- 1 manzana roja crujiente, como Red Delicious, Fuji o Gala
- 2 costillas de apio, picadas
- 1/2 taza de nueces o pecanas tostadas
- 1/4 taza de arándanos secos endulzados
- 2 cebollas verdes, picadas

INSTRUCCIONES:

a) En una cacerola grande con agua hirviendo con sal, cocine las batatas hasta que estén tiernas, aproximadamente 20 minutos. Escurra bien, coloque en un tazón grande y reserve.

b) En un tazón grande separado, combine el jarabe de arce, la mostaza, la sal y el vinagre. Batir el aceite hasta que esté bien mezclado. Dejar de lado.

c) Descorazone la pera y la manzana y córtelas en dados de 1/2 pulgada. Añádelos al bol con el aderezo y

d) revuelva para cubrir. Agregue la mezcla de pera y manzana a las batatas. Agregue el apio, las nueces, los arándanos y las cebollas verdes. Mezcle suavemente para combinar y servir.

81. Camote Y Brócoli Con Aderezo De Granada

Rinde de 4 a 6 porciones

INGREDIENTES:
- 3 camotes, sin pelar
- 2 tazas de floretes de brócoli ligeramente cocidos al vapor
- 3 costillas de apio, cortadas en rodajas de 1/4 de pulgada
- 4 cebollas verdes, picadas
- 2 cucharadas de perejil fresco picado
- 1/4 taza de mantequilla de maní cremosa
- 1 cucharadita de jengibre fresco picado
- 1/4 taza de aceite de semilla de uva
- 1/4 taza de jugo de limón fresco
- 1/2 cucharadita de azúcar
- Sal y pimienta negra recién molida
- 1/4 taza de cacahuates tostados sin sal triturados, para decorar
- 2 cucharadas de semillas de granada frescas o 1/4 taza de arándanos secos endulzados, para decorar

INSTRUCCIONES:
a) En una cacerola grande, hierva las batatas y suficiente agua para cubrir a fuego alto.
b) Reduzca el fuego a medio y cocine a fuego lento hasta que estén tiernos, pero todavía firmes, unos 30 minutos. Escurra y enfríe, luego pélelos y córtelos en trozos de 1/2 pulgada y transfiéralos a un tazón grande. Agregue el brócoli, el apio, las cebollas verdes y el perejil. Dejar de lado.
c) En un tazón pequeño, combine la mantequilla de maní, el jengibre, el aceite, el jugo de limón, el azúcar y sal y pimienta al gusto. Vierta el aderezo sobre la ensalada y revuelva suavemente para combinar.
d) Adorne con maní y semillas de granada y sirva.

82. Ensalada De Col Verde Con Patatas Dulces

Hace: sirve 6-8

Ingredientes

- 2 libras de batatas, peladas y cortadas transversalmente en rebanadas de 1/2 pulgada de grosor
- 1/4 taza más 2 cdas. aceite de palma rojo o aceite vegetal
- 1 cucharada. semillas de comino
- 1 cucharada. hojas de tomillo
- 2 dientes de ajo
- Sal kosher y pimienta negra recién molida
- 2 cucharadas. jugo de limón fresco
- 1 cucharadita jengibre picado
- 1 libra de col rizada, sin tallos, con las hojas finamente picadas (6 tazas)
- 2 onzas. queso de cabra, desmenuzado
- 1/4 taza de anacardos asados, sin sal, picados en trozos grandes

Direcciones

a) Calentar el horno a 400°. En una bandeja para hornear con borde, mezcle las rodajas de camote con 2 cucharadas de aceite de palma, el comino, el tomillo y el ajo. Sazone con sal y pimienta y ase las batatas, volteándolas una vez a la mitad de la cocción, hasta que estén doradas, aproximadamente 40 minutos. Pasar las patatas a una rejilla y dejar enfriar.

b) Mientras tanto, en un tazón pequeño, combine el jugo de lima y el jengibre y deje reposar durante 10 minutos para que se ablanden. Batir el 1/4 taza de aceite de palma restante hasta emulsionar y luego sazonar la vinagreta con sal y pimienta.

c) Para servir, coloque la col rizada en un tazón grande y mezcle con 1 cucharada del aderezo, masajeándolo en las verduras durante aproximadamente 5 minutos. Transfiera las verduras a una fuente para servir, cubra con las batatas y espolvoree con el queso de cabra y los anacardos.

d) Sirva con el aderezo restante a un lado.

83. Ensalada De Camote Con Almendras

Hace: 6

INGREDIENTES:
- 3 libras de batatas, peladas y cortadas en trozos de ¾ de pulgada
- 6 cucharadas de aceite de oliva virgen extra, dividido
- 2 cucharaditas de sal de mesa
- 3 cebolletas, en rodajas finas
- 3 cucharadas de jugo de lima (2 limas)
- 1 chile jalapeño, sin tallo, sin semillas y picado
- 1 cucharadita de comino molido
- 1 cucharadita de pimentón ahumado
- 1 cucharadita de pimienta
- 1 diente de ajo picado
- ½ cucharadita de pimienta de Jamaica molida
- ½ taza de hojas y tallos de cilantro fresco, picado grueso
- ½ taza de almendras enteras, tostadas y picadas

INSTRUCCIONES:
a) Ajuste la rejilla del horno a la posición media y caliente el horno a 450 grados. Mezcle las papas con 2 cucharadas de aceite y sal, luego transfiéralas a una bandeja para hornear con borde y extiéndalas en una capa uniforme. Ase hasta que las papas estén tiernas y comiencen a dorarse, de 30 a 40 minutos, revolviendo a la mitad del asado. Deje que las papas se enfríen durante 30 minutos.

b) Mientras tanto, combine las cebolletas, el jugo de lima, el jalapeño, el comino, el pimentón, la pimienta, el ajo, la pimienta de Jamaica y el ¼ de taza de aceite restante en un tazón grande. Agregue el cilantro, las almendras y las papas y revuelva para combinar. Atender.

84. Ensalada De Quinoa Y Mango Con Puré De Patatas

Hace: 3

INGREDIENTES:
1. 1 taza de quinua (mijo)
2. 1 taza de rábanos
3. 2 cucharadas de aceite de oliva
4. 2 cucharaditas de sal
5. 1 cucharadita de pimienta negra
6. Algunas hojas de col rizada
7. ½ taza de anacardos
8. 5 mangos, en rodajas
9. 2 batatas, cortadas en cubitos
10. 1 cucharada de jugo de limón
11. 3 dientes de ajo, machacados
12. ¼ de aguacate cortado en cubitos

INSTRUCCIONES:
a) Configure su olla instantánea en la configuración de salteado
b) Vierta el aceite de oliva y el ajo.
c) Revuelva durante unos 2 minutos.
d) Agregue la quinoa y siga revolviendo durante 5 minutos.
e) Agregue la col rizada y los rábanos, y saltee durante otros 3 minutos.
f) Retire esto de la olla instantánea y colóquelo en platos para servir.
g) Coloque agua en la olla instantánea.
h) Agregue las papas, la sal, el jugo de limón y la pimienta negra.
i) Cubra su olla instantánea y hierva las papas durante 5 minutos.
j) Aplasta las papas y agrega el aguacate y los mangos.
k) Servir con la col rizada salteada
l) Asegúrese de ser creativo con su método de servicio

85. Ensalada De Tres Papas A La Parrilla

Hace: 6

INGREDIENTES:
- Pimienta 1/4 cucharadita
- Semilla de apio 1/2 cucharadita
- Sal 1 cucharadita
- Mostaza Dijon 1 cucharada
- Vinagre de vino blanco 3 cucharadas
- Aceite de canola 1/4 taza
- Cebolletas (en rodajas finas) 1/ taza
- Camote, mediano (pelado) 1
- Papas rojas 1 ¾ taza
- Papas Yukon Gold 1 ¾ taza

INSTRUCCIONES:
a) Coloque la batata y las papas en un horno holandés; tápelo y déjelo cocer a fuego lento durante 15 a 20 minutos hasta que se ablanden.
b) Escurrir la mezcla y enfriarla. Córtalo en trozos de 1 pulgada cada uno.
c) Poner la mezcla de patatas en una cesta o en un wok grill. Ase a la parrilla durante 10 a 12 minutos a fuego medio hasta que se dore. Revuelva periódicamente.
d) Transfiere la mezcla a una ensaladera grande; agrega las cebollas.
e) Batir la pimienta, la semilla de apio, la sal, la mostaza, el vinagre y el aceite.
f) Rocíe sobre la mezcla de papa y revuelva bien para cubrir adecuadamente.
g) Sírvelo a temperatura ambiente o simplemente tibio.

86. Ensalada De Camote Asado Y Prosciutto

Hace: 8

INGREDIENTES:
- Miel 1 cucharadita
- Jugo de limón 1 cucharada
- Cebolletas (divididas y en rodajas) 2
- Pimiento rojo dulce (finamente picado) 1/4 taza
- Pecanas (picadas y tostadas) 1/3 taza
- Rábanos (rebanados) 1/2 taza
- Prosciutto (en rodajas finas y en juliana) 1/2 taza
- Pimienta 1/8 de cucharadita
- 1/2 cucharadita Sal (dividida)
- 4 cucharadas de aceite de oliva (dividido)
- 3 camotes, medianos (pelados y cortados en cubos de 1 pulgada)

INSTRUCCIONES:
a) A 400 grados F, precaliente el horno. Coloque las batatas en un molde para hornear engrasado (15x10x1 pulgadas).
b) Rocíe 2 cucharadas de aceite y espolvoree 1/4 de cucharadita de sal y pimienta y revuélvalos adecuadamente. Asado durante media hora, y aún periódicamente.
c) Espolvoree un poco de prosciutto sobre las batatas y áselas durante 10 a 15 minutos hasta que las batatas estén tiernas y el jamón esté crujiente.
d) Transfiera la mezcla a un tazón grande y deje que se enfríe un poco.
e) Agregue la mitad de las cebollas verdes, el pimiento rojo, las nueces y los rábanos. Tome un tazón pequeño, bata la sal, el aceite restante, la miel y el jugo de limón hasta que estén bien mezclados.
f) Rocíelo sobre la ensalada; mezcle correctamente para combinar. Espolvorea con las cebollas verdes restantes.

87. Ensalada De Vegetales Asados Y Polenta

Rinde: 4 porciones

Ingredientes
- 2 batatas medianas, cortadas en trozos de 3/4 de pulgada
- 1 cabeza pequeña de brócoli, floretes y tallos picados
- 1 cebolla roja pequeña, cortada en gajos de 3/4 de pulgada
- 1 taza de tomates cherry o uva
- 5 cucharadas de aceite de oliva virgen extra
- Sal kosher y pimienta recién molida
- 2 cucharadas de vinagre de vino blanco
- 1 tubo de 18 onzas de polenta preparada
- 12 hojas grandes de salvia
- 1 paquete de 5 onzas de verduras mixtas para ensaladas pequeñas
- 2 onzas de queso de cabra

INSTRUCCIONES:

a) Coloque una bandeja para hornear con borde en el medio del horno y precaliente a 450° F. Combine las batatas, el brócoli, la cebolla roja y los tomates en un tazón. Agregue 2 cucharadas de aceite de oliva, 3/4 de cucharadita de sal y una cantidad generosa de pimienta; revuelve bien Extienda sobre la sartén caliente y ase, revolviendo una o dos veces, hasta que las verduras estén doradas, de 25 a 30 minutos. Rocíe con 1 cucharada de vinagre, raspando los pedacitos pegados del fondo de la sartén.

b) Mientras tanto, corte la polenta en trozos de 1 1/2 pulgada (alrededor de 24). Caliente 2 cucharadas más de aceite de oliva en una sartén antiadherente grande a fuego medio-alto. Agregue las hojas de salvia y cocine hasta que estén crujientes, de 1 a 2 minutos. Transferir a una toalla de papel para drenar. Agregue los trozos de polenta al aceite restante en la sartén; Condimentar con sal y pimienta. Cocine, volteando ocasionalmente, hasta que los trozos de polenta se suelten fácilmente de la sartén y estén dorados y crujientes, de 15 a 20 minutos.

c) Mezcle las hojas de ensalada con la cucharada restante de aceite de oliva y vinagre y una pizca de sal y pimienta. Divida entre tazones poco profundos. Cubra uniformemente con las verduras asadas tibias y la polenta junto con el aceite de oliva extra de la sartén. Partir el queso de cabra en pedacitos y espolvorear sobre la ensalada. Rasgar la salvia frita y espolvorear por encima.

88. Patatas dulces asadas e higos frescos

PARA 4 PERSONAS
INGREDIENTES
- 4 boniatos pequeños (2¼ lb / 1 kg en total)
- 5 cucharadas de aceite de oliva
- 3 cucharadas / 40 ml de vinagre balsámico (puedes usar uno comercial en lugar de uno premium añejo)
- 1½ cucharadas / 20 g de azúcar extrafina
- 12 cebollas verdes, cortadas por la mitad a lo largo y cortadas en segmentos de 1½ pulgadas / 4 cm
- 1 chile rojo, en rodajas finas
- 6 higos maduros (8½ oz / 240 g en total), cortados en cuartos
- 5 oz / 150 g de queso suave de cabra (opcional)
- Sal marina Maldon y pimienta negra recién molida

INSTRUCCIONES

a) Precaliente el horno a 475°F / 240°C.

b) Lave las batatas, córtelas por la mitad a lo largo y luego corte cada mitad nuevamente de manera similar en 3 gajos largos. Mezclar con 3 cucharadas de aceite de oliva, 2 cucharaditas de sal y un poco de pimienta negra. Extienda los gajos, con la piel hacia abajo, en una bandeja para hornear y cocine durante unos 25 minutos, hasta que estén suaves pero no blandos. Retirar del horno y dejar enfriar.

c) Para hacer la reducción balsámica, coloca el vinagre balsámico y el azúcar en una cacerola pequeña. Lleve a ebullición, luego baje el fuego y cocine a fuego lento durante 2 a 4 minutos, hasta que espese. Asegúrate de retirar la sartén del fuego cuando el vinagre aún esté más líquido que la miel; continuará espesándose a medida que se enfríe. Agregue una gota de agua antes de servir si se vuelve demasiado espeso para rociar.

d) Acomode las batatas en un plato para servir. Caliente el aceite restante en una cacerola mediana a fuego medio y agregue las cebollas verdes y el chile. Freír durante 4 a 5 minutos, revolviendo con frecuencia para asegurarse de no quemar el chile. Vierta el aceite, las cebollas y el chile sobre las batatas. Reparta los higos entre los gajos y luego rocíe sobre la reducción balsámica. Servir a temperatura ambiente. Desmenuce el queso por encima, si lo usa.

89. Ensalada César con picatostes de boniato a la barbacoa

Marcas: 2

INGREDIENTES:
ENSALADA
- 1 lote de picatostes de boniato asado a la barbacoa
- 1 taza de zanahorias, ralladas
- 2 cabezas de corazones de lechuga romana, enjuagados, secos, picados en trozos grandes
- 2 cucharadas de levadura nutricional
- 1 taza de perejil picado

VENDAJE
- 1/2 taza de hummus simple
- 4 dientes de ajo, picados
- 1 1/2 cucharadita de mostaza picante
- 2 cucharadas de jugo de limón
- 2 cucharaditas de jarabe de arce
- 1 cucharadita de caldo de verduras
- 2 cucharaditas de alcaparras, picadas
- 2 cucharaditas de jugo de salmuera de alcaparras
- 1/2 cucharadita de ralladura de limón

1 pizca de sal marina saludable

INSTRUCCIONES:

a) Prepare el aderezo en un tazón para mezclar. Simplemente combine el hummus, el ajo, la mostaza picante, la ralladura y el jugo de limón, las alcaparras, el jarabe de arce, el jugo de salmuera, la sal y la pimienta.

b) Mezcle para combinar y agregue un poco de agua para diluir la consistencia y que sea más fácil de verter. Bate la mezcla hasta que esté cremosa y suave.

c) Sazone con sal y pimienta, ralladura de limón para un sabor cítrico vibrante, jugo para la acidez, ajo para el sabor picante, alcaparras para el sabor a mar, mostaza para las especias, jarabe de arce para la dulzura y caldo de verduras.

d) Prepare los ingredientes restantes, que deben incluir lechuga romana, perejil y zanahorias ralladas. Luego, transfiera todo a un tazón para servir y cubra con batatas y levadura nutricional, si lo desea.

e) Mezcle el aderezo para cubrir todo en sabor. ¡Servir y disfrutar!

90. Ensalada Verde De Camote Y Aguacate

Hace: 1

INGREDIENTES:
- Batata
- 1 camote orgánico grande
- 1 cucharada de caldo de verduras
- 1 pizca de sal marina
- Vendaje
- 1/4 taza de tahini
- 1 cucharada de jarabe de arce
- 2 cucharadas de jugo de limón
- 1 pizca de sal marina
- agua, para diluir
- Ensalada
- 1 aguacate maduro mediano, en cubos
- 5 tazas de verduras de elección
- 2 cucharadas de semillas de cáñamo

INSTRUCCIONES:
a) Precalienta tu horno a 375 °F. Prepare una bandeja para hornear con papel pergamino.
b) Agregue las batatas, luego mezcle con un poco de caldo de verduras y sal. Extienda las papas en una capa uniforme.
c) Hornee durante 15 minutos, volteando para asegurar una cocción uniforme. Hornee por otros 5-10 minutos, o hasta que las papas estén tiernas y doradas.
d) Usando un tazón para mezclar, combine el tahini, el jarabe de arce, el jugo de limón y la sal. Batir para combinar, luego agregar un poco de agua a la vez hasta que tenga una consistencia semi-espesa.
e) Pruebe y ajuste el sabor según su preferencia. Dejar de lado.
f) Arme la ensalada en un tazón para servir colocando capas de verduras y cubriendo con aguacate y camote asado.
g) Sirva con aderezo y espolvoree con semillas de cáñamo como opción.

POSTRE

91. Pastel De Pollo Con Patatas Dulces

Rinde: 5 porciones

INGREDIENTES:
- 1 paquete de pollo entero
- 3 batatas grandes
- 2 cebollas
- 4 dientes de ajo
- ½ taza de salsa de tomate
- 1 taza de puré de plátano verde cocido
- 1 cucharada de manteca de cerdo
- 1 taza de leche
- Sal, pimienta negra y cayena, paprika, nuez moscada, comino, curry

INSTRUCCIONES:
a) Primero, cocina la pechuga de pollo en agua. Prepárala en la olla express y deja 20 minutos desde que la olla hierva.
b) Cuece el pollo, prepara los boniatos en agua para hacer el puré.
c) Hacer el puré de papas al paso con la mantequilla e ir poniendo la leche para darle la consistencia que más te guste. Sazone con sal, pimienta negra y nuez moscada.
d) Ahora que el pollo se enfrió, puedes triturar todo muy chiquito.
e) En una cacerola dorar la cebolla con un mínimo de aceite. Agregue el ajo, la salsa de tomate y el pollo. Mezcla bien, si esta medio seco agrega un poco de agua. Ir poniendo los condimentos: sal, pimienta negra y cayena, comino, curry. Prueba a ver si es de tu agrado.
f) Si ya te gusta cómo quedó genial. Pero si quieres una consistencia más cremosa, el puré de plátano verde es ideal, si no una opción es usar la leche con la maicena.
g) Para montar el plato, dejar el pollo salteado y cubrir con el puré de patatas. Llevar al horno a 180°C por 20 minutos.

92. Budín de batata y coco

COCINA: KENIA

Ingredientes (para 6)
- 1 taza de coco molido fresco
- ½ tazas de batatas, hervidas o en puré
- huevos
- ¾ taza de azúcar
- ¾ taza de leche
- ½ taza de agua
- 4 cucharadas de mantequilla derretida
- ½ cucharadita de especias mixtas
- ½ cucharadita de canela

INSTRUCCIONES:

a) Mezcle el azúcar, las batatas y el coco con una cuchara hasta que quede suave. Agregue mantequilla, leche, agua y bata bien. Batir los huevos ligeramente, y luego batir la mezcla gradualmente.

b) Agregar especias y canela. Continúe batiendo hasta que esté cremoso y muy suave. Vierta la mezcla en un molde engrasado y hornee por 30 minutos en horno caliente, hasta que estén doradas. Puedes servirlo caliente o frío.

93. Trifle de pastel de patata dulce

Rinde: 16 porciones

INGREDIENTES:
- 1 pastel de nuez
- 1 pastel de boniato o pastel de calabaza
- 2 ½ tazas de crema batida
- 2 tazas de helado de nuez con mantequilla
- 1 taza de salsa de caramelo

INSTRUCCIONES:

a) En el fondo, empiezo con pastel de camote y corteza que lo ayudará a mantenerse firme.

b) Siguiente capa con un poco de helado y luego crema batida. Puedes agregar un poco de caramelo encima de la crema batida si lo deseas.

c) A continuación, coloco capas con los trozos de pastel de nuez.

d) Luego repita con helado y crema batida, y cubra con caramelo y nueces.

94. Tiramisú de pastel de patata dulce

Rinde: 16 porciones

INGREDIENTES
- 8 onzas de queso mascarpone, ablandado
- ½ taza de azúcar granulada más una cucharada separada
- ⅓ taza de azúcar morena envasada
- 15 onzas de camote en almíbar, escurrido y machacado
- ½ cucharadita de canela molida y más para decorar
- ¼ de cucharadita de nuez moscada molida
- 2 cucharadas de extracto puro de vainilla separadas
- 2 ½ tazas de crema batida fresca separadas
- ¼ taza de café tibio
- 17.5 onzas de bizcochos
- 6 galletas de jengibre desmoronadas

INSTRUCCIONES
PARA HACER EL RELLENO:
a) Agregue queso mascarpone y ½ taza de azúcar granulada y todo el azúcar moreno a una batidora de pie y bata hasta que quede suave.

b) Luego agregue puré de camote, canela, nuez moscada y 1 cucharada de extracto de vainilla y bata hasta que esté bien incorporado.

c) Por último, agregue 1 ½ tazas de crema batida a la mezcla de camote y reserve.

PARA MONTAR EL TIRAMISU:
d) Agregue la cucharadita restante de extracto de vainilla a un tazón con café y mezcle.

e) Coloque una fila completa de bizcochos en el fondo de un molde desmontable de 9 pulgadas.

f) Vierta la mitad de la mezcla de café caliente sobre los bizcochos para remojarlos.

g) Luego, tome la mitad de la mezcla de camote y alise sobre la parte superior de los bizcochos.

h) A continuación, cree otra capa repitiendo todos los pasos, comenzando con agregar otra fila de bizcochos, vertiendo salsa de café sobre los bizcochos y finalmente agregando el resto de la mezcla de camote.

i) Por último, tome la 1 taza restante de crema batida y mezcle la cucharada restante de azúcar granulada, y extienda sobre la parte superior del tiramisú.

j) Adorne la parte superior del tiramisú con galletas de jengibre desmenuzadas sobre la cobertura batida y un poco de canela molida.

k) Coloque el molde desmontable en el refrigerador durante al menos 4 horas antes de servir.

95. Pan de batata y cerezas

Rinde: 1 porciones

INGREDIENTES:
- 1¾ taza de harina
- 1 cucharadita de bicarbonato de sodio
- 1 cucharadita de canela
- 3 huevos
- ½ taza de leche
- ½ taza de marzo; cerezas
- 1 lata (15 onzas) de camote; (o ñame) escurrido
- ¼ taza de pecanas o nueces picadas
- 1½ taza de azúcar
- ¼ de cucharadita de sal
- 1 cucharadita de especias de calabaza
- ¾ taza de aceite vegetal
- ¼ taza de pasas
- 1 cucharadita de vainilla

INSTRUCCIONES:
a) Combine y mezcle bien la harina, el azúcar, la sal, la soda, la canela, las especias de calabaza. Agregue los huevos, el aceite y la leche revolviendo hasta que quede suave.
b) Mezcle las batatas, las pasas, las nueces, las cerezas y la vainilla.
c) Vierta en un molde para pan bien engrasado y ligeramente enharinado. Hornee aproximadamente 1 hora a 325 grados (verifique a los 50 minutos), verificando insertando un probador para asegurarse de que esté listo. El probador saldrá limpio.

96. Muffins de boniato y arándanos

Rinde: 12 porciones

INGREDIENTES:
- 1½ taza de harina
- ½ taza de azúcar
- 2 cucharaditas de polvo de hornear
- ¾ cucharadita de sal
- ½ cucharadita de canela
- ½ cucharadita de nuez moscada
- 1 huevo grande
- ½ taza de leche
- ½ taza de batatas; machacado
- ¼ taza de margarina; Derretido
- 1 taza de arándanos

INSTRUCCIONES:
a) Combina los ingredientes secos. Revuelva los ingredientes húmedos combinados con los secos y revuelva hasta que se humedezcan. Incorpore los arándanos.

b) Llene 12 moldes para muffins forrados con papel hasta aproximadamente ⅔ de su capacidad. Espolvorea con azúcar de canela, si lo deseas.

c) Hornee a 375F durante 18-22 minutos. Retire de la sartén para enfriar.

97. Budín de boniato rallado

Rinde: 1 porción

INGREDIENTES:
- 4 tazas de batatas ralladas
- 1 taza de jarabe de caña
- ½ taza de azúcar
- 1 taza de leche
- ½ taza de mantequilla
- 3 huevos
- ½ taza de nueces picadas
- 1 taza de pasas
- 1 cucharadita de canela
- 1 cucharadita de pimienta de Jamaica
- ½ cucharadita de clavo

INSTRUCCIONES:
a) Derrita la mantequilla en una sartén resistente al horno. Mezcle todos los ingredientes juntos.
b) Vierta la mezcla en la sartén caliente de mantequilla, revuelva hasta que se caliente.
c) Coloque la sartén en el horno a 350 grados y hornee.
d) Cuando tenga una costra alrededor del borde y la parte superior, déle la vuelta y deje que se forme la costra nuevamente. Haga esto dos veces, dejando que el último permanezca en los lados y en la parte superior, aproximadamente 40 minutos.
e) Servir con crema azucarada o helado.

BEBIDAS

98. Jugo de tarta de manzana

Rinde: 2 porciones

INGREDIENTES:
- 1 camote
- ¼ de cucharadita de especias para pastel de calabaza
- 2 manzanas
- 2 zanahorias
- 2 naranjas

INSTRUCCIONES:

a) Descorazona las manzanas. Retire la cáscara de la batata y las naranjas. Cortar las zanahorias.

b) Póngalos en su extractor de jugo junto con las especias para pastel de calabaza.

c) Exprime todos los ingredientes y vierte tu jugo en un par de vasos.

99. Batido de proteína de pastel de patata dulce

Ingredientes
- 2 cucharadas de proteína de vainilla en polvo
- 6 onzas. leche de almendras
- ½ taza de batata (ya horneada, sin piel)
- 1-5 gotas de extracto de vainilla
- 4 onzas. agua (más para un batido más aguado, menos para un batido más espeso)
- Hielo picado
- Pastel de Calabaza Especias al gusto

Direcciones

a) Eche todos los ingredientes en una licuadora durante 30-60 segundos.

100. Batido De Patata Dulce

Ingredientes
- 1 batata, cocida y pelada
- ½ cucharadita de canela
- 1/2 taza de almendras ralladas
- 2 cucharadas de proteína de suero (cualquier sabor)
- 16 onzas. leche entera

Direcciones

a) Eche todos los ingredientes en una licuadora durante 30-60 segundos.

CONCLUSIÓN

Pruebe estas recetas de batatas y gane los corazones de todos los miembros de su familia. Está seguro de que todos elogiarán sus habilidades culinarias mientras les sirve una comida tan deliciosa y deliciosa. Puede seguir este sencillo libro de cocina si solo está probando la receta o incluso si está aprendiendo una receta específica. Sirva estos platos en una reunión o simplemente en su casa; siempre valdrá la pena, y nunca te arrepentirás de hacer ninguna de estas recetas.

Al seguir los pasos como se indica, esperamos que encuentre las respuestas a su pregunta, ya que hicimos todo lo posible para ayudarlo de todas las formas posibles. Esperamos que hagas estas recetas para tus amigos y familiares. Si eres un principiante o un profesional, este libro de cocina siempre estará a tu disposición, y las instrucciones de cada receta te facilitarán seguirlas.

Aquí está la esperanza de que tengas una vida feliz y saludable.

Ingram Content Group UK Ltd.
Milton Keynes UK
UKHW020624210623
423802UK00010B/97